Benedikt Peters

Welt-religionen

Judentum

Christentum

Hinduismus

Islam

Daniel

© 2004 by Daniel-Verlag
Lychener Straße 7, OT Retzow
17279 Lychen
Satz: Daniel-Verlag
Umschlag: Lucian Binder, Marienheide
Druck und Bindung: Ebner & Spiegel GmbH

ISBN 3-935955-23-5

Inhalt

Vorwort

Ich schulde dem Leser zwei Erklärungen:

Erstens: Im Frühjahr 2003 hielt ich in einer deutschen Kleinstadt im Oberbergischen Land eine Reihe von Referaten über einige der Weltreligionen. Diese wurden leicht überarbeitet und in vorliegende Form gebracht. Das erklärt dem Leser die zuweilen mangelnde Stringenz in der Abfolge der Gedanken wie auch den manchmal umgangssprachlichen Ton.

Zweitens: Ich argumentiere als überzeugter Christ, das soll der Leser wissen. Ich bin wie der große Basler Orientalist Emmanuel Kellerhals davon überzeugt, „dass jede wissenschaftliche Forschungsarbeit im Bereich der Naturerkenntnis oder der Geisteswelt von irgendwelchen gegebenen Voraussetzungen ausgeht. Es gibt keine ‚reine‘, ‚voraussetzungslose‘ Wissenschaft. Es gibt in der wissenschaftlichen Forschungsarbeit keine ‚objektive Sachlichkeit‘. Auch der vorsichtigste Beobachter und Darsteller geht unbewusst von weltanschaulichen Prämissen aus, die seine Art zu sehen und zu beurteilen bestimmend beeinflussen" (E. Kellerhals: *Der Islam. Seine Geschichte, seine Lehre, sein Wesen*). Es ist besser, bewusst als unbewusst von einem immer vorhandenen Standpunkt aus zu argumentieren, und es ist nichts als schlichter Anstand gegenüber dem Leser, seinen Standpunkt offen zu nennen. Wer liest, soll von Anfang an wissen, worauf er sich einlässt.

Benedikt Peters,
Arbon am Bodensee im Herbst 2004

Geschichte und Glaube des Judentums

Einleitung

„Denn die Kinder Israel werden viele Tage ohne König bleiben und ohne Fürsten und ohne Schlachtopfer und ohne Bildsäule und ohne Ephod und Teraphim" (Hos 3,4). Hier haben wir eine sehr bemerkenswerte Weissagung auf die ganzen Jahrhunderte, in denen das bestanden hat, was wir heute als Judentum kennen. Wenn wir vom Judentum reden, meinen wir ja nicht das Volk Israel zur Zeit Moses, Davids und der Propheten, sondern die Glaubensgemeinschaft, wie sie seit der Geburt des Christentums besteht.

Ich muss jetzt zuerst begründen, warum wir als Christen und Bibelleser das Judentum so und nicht anders verstehen können. Danach werde ich einiges über die Entstehung des Judentums sagen und über das, was das Judentum charakterisiert. Dann wollen wir uns mit den Glaubensinhalten befassen, und das bedeutet, dass wir uns auch besonders ansehen müssen, wie das Judentum zu Jesus Christus, dem Messias, steht. Wir wollen dann auch noch einen Blick in die Zukunft werfen und uns fragen, ob das Judentum – also die Gemeinschaft derer, die im jüdischen Sinn glauben – eine Zukunft hat.

Wenn man einen Juden fragen würde: „Wo beginnt die Geschichte des Judentums?", so würde er sagen: „mit Abraham!" Es gibt ein bekanntes Buch, man kann es fast die maßgebliche *Geschichte des jüdischen Volkes von den Anfängen bis zur Gegenwart* nennen, und zwar von *Chaim Hillel ben Sasson*. Der Titel des ersten großen Abschnitts dieses Buches lautet „Ursprünge und Frühgeschichte: Von Abraham bis Malamat". Die Juden selbst beginnen also mit Abraham, und das ist auch nicht falsch, denn dort haben sie ja ihre Ursprünge.

Einige nichtjüdische Historiker beginnen mit dem babylonischen Exil und sagen, dass erst dort eine eigene Geschichte *Judas* ihren Anfang habe; was vorher war, sei die Geschichte *Israels*.

Warum sagen wir als Bibelleser und Christen, dass die Geschichte des Judentums mit der Geburt des Christentums beginnt? Weil das, was heute das Judentum als besondere Glaubensgemeinschaft kennzeichnet, erst nach der Geburt der christlichen Gemeinde entstanden ist; wir können sogar noch präziser sagen: nach der Zerstörung des Tempels in Jerusalem im Jahre 70 n. Chr. Da entstand das Judentum nicht nur, sondern da nahm es auch den Charakter an, den es über Jahrhunderte hatte und auch heute noch hat.

Wieso muss man aus biblischer Sicht sagen, das Judentum habe erst mit der Geburt des Christentums angefangen? Das Judentum interessiert den Christen wie jede Religion oder Weltanschauung als neben dem Christentum existierende und am Christentum zu messende selbständige Größe. Das ist das Judentum aber erst seit Pfingsten, seitdem die christliche Gemeinde das auserwählte Volk

Gottes ist. Bis dahin war Israel – und seit der Zerstörung Samarias im Jahre 721 v. Chr. Juda – das alleinige Volk Gottes. Es blieb Gottes Volk, bis es den Messias verwarf und Gott sich aus den Heiden ein neues Volk „für seinen Namen" (Apg 15,14) berief. Das Christentum ist damit als Verwirklichung der an die Erzväter gemachten Verheißungen bezeichnet, während damit gleichzeitig das Judentum als der Irrläufer des alttestamentlichen Gottesvolkes qualifiziert ist. Das mag dem heutigen Menschen anmaßend und deshalb anstößig erscheinen. Wollen wir uns aber als Christen verstehen, die sich auf die Bibel gründen, können wir das Judentum nicht anders einordnen. Die Tatsache, dass die christliche Kirche seit dem frühen Mittelalter über Jahrhunderte hin die Juden immer wieder unterdrückt, verfolgt und vertrieben hat, ändert daran nichts. Die Kirche missbrauchte eine biblische Wahrheit, aber der Missbrauch macht die Wahrheit nicht zur Unwahrheit.

Ich beeile mich daher, dem oben Gesagten hinzuzufügen: Juda ist von Gott beiseite gesetzt, aber nicht verstoßen (Röm 11,1). Drei lange Kapitel in der vollständigsten Darlegung des Evangeliums Gottes im gesamten Neuen Testament, im Römerbrief, erläutert der Völkerapostel das Schicksal der Juden seit dem Kommen ihres und unseres Messias. Ihr Unglaube setzte es Gottes gerechten Gerichten aus, sodass sie jetzt wie abgeschnittene Ölzweige ihren Wurzeln entfremdet sind (Röm 11,17). Gottes Gnade aber wird sie wieder einpflanzen, „denn die Gnadengaben und die Berufung Gottes sind unbereubar" (Röm 11,29). Damit ist gleichzeitig die Haltung, die die christliche Kirche seit der Antike gegenüber dem Judentum einnahm, verurteilt. Die von der Kirche verschuldeten Judenverfolgungen sind ein düsteres Kapitel, dessen die Christenheit sich heute zu

12

Recht schämt. Das ist das biblische Licht, mit dem wir die Geschichte und den Glauben des Judentums zu verstehen suchen wollen. Schauen wir uns jetzt kurz an, was damals geschah.

1. Das Ende Judas und der Beginn des Judentums

Die Zerstörung des zweiten Tempels 70 n. Chr.

Römische Legionäre zerstörten am 9. Ab des Jahres 70 n. Chr. Jerusalem mitsamt dem Tempel. Als der Tempel in Jerusalem in Flammen aufging, verbrannte das, was diesem Volk Mittelpunkt war und was ihm Identität gab. Juda war das Volk Gottes und von allen Völkern der Erde getrennt, weil Gott dieses Volk erwählt hatte und unter ihnen wohnte (2Mo 25,8). Der Tempel war die sittliche, religiöse und die ganze Identität des Volkes begründende Mitte. Die Frage war nun, wo das Volk sich jetzt orientieren und seine Identität und Mitte wiederfinden sollte.

Theoretisch hätte sich angeboten, dass sie ihre Mitte nicht im Tempel, nicht in dieser geographischen Mitte, sondern in der Bibel, in den Verheißungen der Erzväter und Propheten, fanden. Aber das ging nicht. Warum nicht? Ich rede jetzt als gläubiger Christ und Bibelleser: Das ging deshalb nicht, weil das Judentum jener Tage genau die Mitte – und das Alte Testament hatte ja die Absicht, das Volk Israel auf das Kommen des Messias vorzubereiten –, den Messias ablehnte, als Er kam. So konnte es seine Identität nicht in diesem Buch finden, sondern musste sie woanders finden. Es fand sie schließlich in dem, was später als *Talmud* bekannt wurde, das ist in den Traditionen.

13

Das ganze Überlieferungsgut, das wir Talmud nennen, ist zwar auf der Grundlage der Thora und der Propheten gewachsen, und doch waren es gerade diese Traditionen, die bei der Verwerfung Jesu von Nazareth den Ausschlag gaben.

In der Zeit nach dem babylonischen Exil (6. vorchristliches Jahrhundert) wurde das jüdische Gemeinwesen wieder aufgebaut. Das Alte Testament berichtet darüber in den Büchern Esra, Nehemia und in den drei Propheten Haggai, Sacharja und Maleachi. Diese Gemeinschaft, die in Jerusalem wieder neu aufgebaut wurde, stützte sich noch ganz eindeutig auf das Wort Gottes. Doch das begann sich im Lauf der Jahrhunderte, bevor der Messias erschien, langsam zu ändern. Es entstanden Schulen von Gelehrten, die anfingen, das Gesetz zu deuten, zu lehren und ihren Schülern zu vermitteln. Das geschah aber nur mündlich, und man nannte all dieses Gelehrte die *mündliche Thora oder Lehre*, weil man sehr viel Ehrfurcht vor der geschriebenen Lehre hatte, also vor der Thora – den fünf Büchern Mose –, die Mose direkt von Gott empfangen hatte. Man wagte es nicht, irgendetwas Geschriebenes neben die geschriebene Offenbarung zu stellen.

So reichte man diese Lehren von Generation zu Generation mündlich weiter. Die Lehrer brachten sie ihren Schülern bei, die sie auswendig lernten. Diese gaben sie ihrerseits der nächsten Schülergeneration weiter. So hatte man die ganze so genannte *mündliche Thora* in der Weise im Gedächtnis präsent. Wenn wir das Neue Testament lesen, merken wir, wie die *mündliche Thora* bereits für das Judentum zu einem Hindernis wurde, Jesus von Nazareth anzunehmen. Eine bekannte Stelle, die uns das deutlich

14

macht, ist Matthäus 15,1–6: „Dann kommen Pharisäer und Schriftgelehrte von Jerusalem zu Jesus und sagen: Warum übertreten deine Jünger die Überlieferung der Ältesten [das ist eben die mündliche Thora]? Denn sie waschen ihre Hände nicht, wenn sie Brot essen. Er aber antwortete und sprach zu ihnen: Und warum übertretet ihr das Gebot Gottes um eurer Überlieferung willen [hier sehen wir, dass sich die mündliche Thora über das geschriebene Wort gelagert hatte und für das praktische Urteilen und Denken wichtiger als das von Mose geschriebene Gesetz geworden war]? Denn Gott hat geboten und gesagt: ‚Ehre den Vater und die Mutter!' und: ‚Wer Vater oder Mutter schmäht, soll des Todes sterben.' Ihr aber sagt: Wer irgend zum Vater oder zur Mutter spricht: Eine Opfergabe sei das, was irgend dir von mir zunutze kommen könnte – der wird keineswegs seinen Vater oder seine Mutter ehren. Und so habt ihr das Gebot Gottes ungültig gemacht um eurer Überlieferung willen."

So war die *mündliche Thora* zu einem großen Teil dafür verantwortlich, dass die Juden Jesus, ihren Messias abwiesen, als Er zu ihnen kam. Daher konnten sie nach Verlust ihrer Stadt und ihres Heiligtums ihre Identität nicht im geschriebenen Gotteswort finden, sondern mussten sie neu in der mündlichen Thora finden. Und genau das ist geschehen.

Neuanfang in Jabne

Unter dem pharisäischen Gelehrten Jochanan ben Sakkai entstand schon im ersten Jahrhundert in Jabne in der Küstenebene Palästinas, also kurz nach der Zerstörung

Jerusalems und des Tempels, ein wichtiges Lehrhaus, das für die Jahrzehnte nach der Zerstörung Jerusalems maßgeblich wurde. Die Stadt Jabne wird manchmal *Jamnia* genannt, das ist der hebräische Name dieser Stadt. Mit ben Sakkai setzte sich ein Rabbiner der milderen Tradition Hillels durch, die in den Jahrzehnten davor mit der Schule Schammais in Widerstreit gestanden hatte. In diesem Lehrhaus begann man das zu tun, was man vorher nie hatte tun wollen, nämlich die ganze „mündliche Thora" zu sammeln, zu sichten und niederzuschreiben. Dieses Werk, das in den Jahrzehnten nach der Zerstörung des Tempels entstand und das Ergebnis einer immensen, jahrzehntelangen Fleißarbeit war, ist die *Mischna* (hebräisch-aramäisch = *Wiederholung*). Entsprechend nennt man die Männer, die diese Arbeit leisteten Tanna'im (= Wiederholer).

Mit dieser Bezeichnung wollte man deutlich machen, dass es sich dabei nicht um das Gesetz handelte, sondern dass die Mischna bloß so etwas wie eine Wiederholung war, eine Art Umschreibung und Erläuterung des Gesetzes. Die Mischna bestand aus Angaben, die ganz genau reglementierten, wie jedes Gesetz des Mose zu verstehen, anzuwenden und durchzusetzen sei. Nur die von Mose an Israel geschenkte Thora ist reines Gotteswort; nur sie sollte aufgeschrieben werden; die mündliche Thora war aber eine von Menschen gemachte Erklärung und darum der Thora nie ebenbürtig.

In der Stunde der Not, wo es um das nackte Überleben des Judentums ging, sah man die Notwendigkeit der Niederschrift der mündlichen Thora, die nun keine mündliche mehr war, wohl aber wegen ihrer Herkunft noch immer so heißt.

16

Die *Mischna* umfasst sechs Ordnungen (oder *Sedarim*), die ihrerseits in Traktate unterteilt sind. Diese sechs Ordnungen wurden dann im Lauf der nächsten drei bis vier Jahrhunderte ihrerseits weiter kommentiert. Dieser Kommentar über die Mischna – die niedergeschriebene, mündliche Thora – heißt *Gemara* (= Vervollständigung). Beide Teile zusammen, die zuerst entstandene Mischna und die danach entstandene Gemara, der Kommentar über die Mischna, bilden zusammen den *Talmud* (auf Deutsch: Lehre).

Es gibt zwei *Talmudim*, weil sich die Gemara (Kommentierung der Mischna) außerhalb Palästinas etwas anders entwickelte. Im großen babylonischen Siedlungsgebiet der Diaspora mit ihren wichtigen Lehrhäusern entstand der Babylonische Talmud (hebräisch *Talmud Babli*), in Palästina der Jerusalemer Talmud (*Talmud Jeruschalmi*). Einen Eindruck von der Art des Talmuds gibt der Abdruck eines Ausschnittes aus dem Traktat Berachot auf der nachfolgenden Seite.

Der Talmud wurde seinerseits wieder durch verschiedene Gelehrte erläutert und kommentiert. Die wichtigsten Abschnitte wurden mitsamt den Erklärungen in handlichen Büchern zusammengefasst. Das Wichtigste dieser Handbücher ist der von Josef Karo im Jahre 1564/65 zusammengestellte *Schulchan Aruch* (*Der Gedeckte Tisch*).

Im frühen Mittelalter, also etwa im 6. nachchristlichen Jahrhundert, war der *Talmud* vollständig. Deshalb sprechen wir vom *talmudischen Judentum*. Das talmudische Judentum ist eigentlich das, was der Jude selbst und auch wir aus christlicher Sicht unter dem „Judentum" verstehen.

Talmud-Seite, Ausschnitt aus dem Traktat *Berachot*

Die Richtlinien des Talmuds wurden bestimmend für die ganze Judenheit bis ins 18. Jahrhundert. Es gab zwar verschiedene Richtungen wie die mystische Richtung (die Kabbalisten), dann gab es auch eine schwärmerische Richtung (die Chassiden), vergleichbar unseren heutigen Charismatikern. Diese tanzten und wollten nicht nur glauben, sondern sie wollten ihren Gott auch fühlen. Zum Teil weichen diese Richtungen erheblich voneinander ab, doch alle vereinte die Anerkennung der Autorität des Talmuds.

Über die Bedeutung des Talmuds für die nachfolgenden Jahrhunderte schreibt Julius Guttmann, ein deutscher Jude, der das Buch *Die Philosophie des Judentums* geschrieben hat:

> „Die Form jüdischer Religion, die seit den letzten Jahrhunderten des Altertums die Herrschaft besitzt und für die mittelalterliche und neuzeitliche Entwicklung des Judentums die Grundlage bildet, ist das in Palästina und Babylonien entstandene talmudische Judentum."

Das sagen die Juden also von sich selbst. Bis zum Ende des ersten nachchristlichen Jahrhunderts (als Jesus zu diesem Volk kam und als die Apostel seine Lehren predigten) bestanden auch im palästinensischen Judentum verschiedene Schulen nebeneinander, die sich teilweise heftig bekämpften. Julius Guttmann drückt das in dem oben erwähnten Buch so aus:

> „Bis zum Ende des ersten nachchristlichen Jahrhunderts standen sich auch im palästinensischen Judentum die mannigfachsten religiösen Richtungen gegen-

über. Seit der Zerstörung des zweiten Tempels durch Titus 70 n. Chr. verschwanden jedoch die dem pharisäisch talmudischen Judentum gegenüber stehenden Richtungen sehr schnell. Und dieses selbst schloss sich fester in sich ab als zuvor."

2. Talmudisches Judentum

Wir kennen aus dem Neuen Testament sehr gut die Klasse der Pharisäer und die Klasse der Sadduzäer. Das waren zwei Strömungen des Judentums in den Tagen Jesu, die einander bekämpften. Die Sadduzäer waren die liberalen Juden; sie glaubten nicht an das Jenseits, an die Ewigkeit, an die Auferstehung und an Engel (Apg 23,8), sondern für sie war das Judentum nichts als eine Sammlung nützlicher ethischer, sozialer und rechtlicher Gebote. Die Pharisäer hingegen glaubten an all das, was die Sadduzäer leugneten (Jenseits, Himmel, Hölle, Ewigkeit und Auferstehung). Es war das pharisäische Judentum, das nach der Zerstörung des Tempels zur prägenden, ja, zur alleinbestimmenden Form des Judentums wurde. Zusammengefasst und vereinfacht können wir sagen: Das talmudische Judentum ist der Sieg des pharisäischen Judentums, jener Schule, die uns im Neuen Testament in der Gestalt der Pharisäer begegnet. Das ist bis ins 18. Jahrhundert so geblieben.

Nun ein Zitat von Julius Guttmann aus seinem oben erwähnten Buch, das bestätigt, wie mit der Entstehung des Talmuds die Richtung des Judentums für Jahrhunderte festgelegt war:

„Die Bedeutung des Talmuds für die Folgezeit liegt in erster Reihe auf dem religionsgesetzlichen Gebiet.

Die gottesdienstlichen, zeremonial-gesetzlichen und rechtlichen Bestimmungen des Talmuds haben dem religiösen Leben des Judentums in der Folgezeit seine feste Form gegeben, die bis ins ausgehende 18. Jahrhundert unerschüttert geblieben ist."

Genau das hat der Prophet Hosea, wie wir bereits gesehen haben, knapp und prägnant mit dem Vers Hosea 3,4 geweissagt: „Denn die Kinder Israel werden viele Tage ohne König bleiben und ohne Fürsten und ohne Schlachtopfer und ohne Bildsäule und ohne Ephod und Teraphim." Die Juden haben seit der Zerstörung des Tempels keinen Tempel und damit auch keinen Altar und keine Opfer mehr. Sie haben nie gewagt, den Opferdienst wieder einzuführen, und darin müssen wir ihre Treue zum Gesetz bewundern. Sie wussten, dass das erste Exil über sie gekommen war, weil sie neben dem alleinigen von Gott befohlenen Gottesdienst auch andere Altäre hatten und anderen Göttern dienten. Sie haben sich seit dem babylonischen Exil streng daran gehalten: *Ein* Gott, *ein* Gottesdienst, *ein* Ort des Gottesdienstes und *ein* Ort, wo geopfert werden darf.

Sie sind also bis heute ohne Tempel und ohne Opfer. Es ist genauso, wie Hosea es gesagt hat. Sie werden viele Tage ohne Schlachtopfer sein. Für die Juden ist das immer eine Not gewesen; man konnte einen ernsthaften Juden damit in Verlegenheit bringen, wenn man ihn fragte: „Was machst du mit deinen Sünden? Wer sühnt sie denn?" Sie wissen nämlich aus dem Alten Testament, dass für Sünden bezahlt werden muss. Man kann nicht selbst bezahlen, das muss ein Stellvertreter, ein Opfer tun. Das erklärt, warum es heute Gruppierungen unter dem Judentum gibt, die den Bau eines Tempels vorbereiten, und zwar muss dieser in Jerusalem, auf dem Berg Morija stehen. Haben die Juden erst einen Tempel, dann haben sie auch einen Altar, und damit können sie endlich wieder Opfer für ihre Sünden darbringen.

3. Zerstreuung und Isolierung

In den Jahrhunderten nach der Zerstörung des Tempels wurden die Juden in alle Welt zerstreut, wie übrigens Mose schon geweissagt hatte: „Und der HERR wird dich unter alle Völker zerstreuen, von einem Ende der Erde bis zum anderen Ende der Erde" (5Mo 28,64). Überall gibt es Juden, sie leben unter alle Nationen der Erde zerstreut.

In der Folge der beiden jüdischen Kriege vom 1. und 2. nachchristlichen Jahrhundert wurden die Juden in alle Regionen des Römischen Reiches zerstreut. Damit begann eine Wanderbewegung der Juden, an deren Ende Millionen von Juden auf alle Erdteile verteilt lebten. Das *Neue Lexikon des Judentums* (Hrsg. Julius H. Schoeps) bietet folgende Daten zur jüdischen Weltbevölkerung vor 1939, am Vorabend des Zweiten Weltkrieges:

Europa   9,510 Millionen Juden
Amerika   5,333 Mio
Asien   1,017 Mio
Australien   0,033 Mio
Afrika   0,628 Mio

In der römischen Kaiserzeit wurden die Juden (mit wenigen Ausnahmen, siehe Apg 18,2) so wie Angehörige aller anderen Religionen geduldet. Mit dem Sieg des Christentums änderte sich das. Es kam zu einer neuen Bewertung des Judentums: Weil die Juden den Messias ermordet hatten, seien sie auf immer von Gott verstoßen (dies entgegen Römer 11!), und die christliche Kirche sei nun das „wahre Israel". Mit dem Kirchenvater Tertullian (2./3. Jahrhundert) setzte eine bis in die Neuzeit nicht abreißende Kette von sog. Adversus–Judaeos–Traktaten („Traktate gegen die Juden") ein. Während es dem Kirchenvater mit rein biblisch-theologischen Argumenten nur darum ging, den Glauben der Christen zu befestigen, hat doch der theologische Anti-Judaismus innerhalb der Christenheit zum bösartigen, rassistisch begründeten Antisemitismus geführt. Während die Antike im Großen und Ganzen den Juden gegenüber gelassen blieb, begann mit dem Mittelalter die Zeit der rechtlichen Diskriminierung und erzwungenen Isolierung der Juden. Als Beispiel dafür diene Spanien:

Nach den jüdischen Aufständen von 70 und 135 n. Chr. flüchteten große Massen von Juden nach Hispania (oder Sepharad, wie die Juden selbst es nannten). Dort waren sie während Jahrhunderten wohl gelitten, auch nachdem die arianischen Westgoten im 6. Jahrhundert die Iberische Halbinsel erobert hatten. Erst als die Westgoten sich zum Bischof von Rom bekehrten und damit katholisch wurden, begannen die Judenverfolgungen.

> „Die katholisch gewordenen Westgoten, bisher den Juden gegenüber gleichgültig, entwickelten sich rasch zu Antisemiten" (Beatrice Leroy, *Die Sephardim. Geschichte des iberischen Judentums*).

Im Jahre 633 schreibt Isidor, Bischof der südspanischen Stadt Sevilla, seinen berühmten Traktat *De fide catholica*

23

contra Iduaeos – „Vom Katholischen Glauben gegen die Juden". Zwei im südspansichen Toledo abgehaltene Konzile (660 und 670) „befehlen den Juden, die Städte zu verlassen, nachdem ihnen bereits untersagt worden ist, am Sonntag in Anwesenheit von Christen zu arbeiten" (Leroy). Erzbischof Julian von Toledo setzt 671 beim König Maßregeln durch, die die vollständige Beseitigung des Judentums bezwecken: Jüdische Kinder werden den Eltern weggenommen und in Klöstern aufgezogen; Taufe und christlicher Name werden zur Pflicht für alle.

Im 8. Jahrhundert wurde Spanien von den mohammedanischen Arabern erobert. Von da an bietet *Al Andalus*, das maurische Spanien, den Juden für siebenhundert Jahre das, was die katholische Kirche ihnen verweigert hatte: Lebensraum und Heimat.

Wir haben es hier mit einem Paradox zu tun. Warum? Weil der Islam gemäß seinem Grunddokument, dem Koran, und nach dem Vorbild seines Stifters, Mohammeds, judenfeindlich ist. Hingegen ist das Christentum, wenn es bei seinem Grunddokument, der Bibel, bleibt, judenfreundlich.

Entsprechend islamischem Recht sind die Juden in *Al Andalus* zwar nur Bürger zweiter Klasse, daher haben sie, da sie keine Götzendiener sind, den Status von *Dhimmi*, Schutzbefohlenen: Sie schulden den islamischen Herren ein Kopfgeld, sie müssen auf Verordnung des Kalifs von Cordoba einen gelben Kreis am Gewand tragen, sie dürfen nur auf Eseln, nicht aber auf Pferden reiten, aber sie dürfen als Juden leben und glauben:

„Was der Jude unter moslemischer Herrschaft zu leiden hatte, war nicht Angst ..., sondern Verachtung. Was er erfuhr, war eine Art herablassender Duldung ... Im allgemeinen entsprach die Einstellung der Moslems der eines Herrenvolkes gegenüber einem Untertanenvolk, das sie mit einer Art großmütiger Herablassung zu behandeln bereit waren, solange es sich gebührend unterwürfig benahm" (Bernard Lewis, *Treibt sie ins Meer! Die Geschichte des Antisemitismus*, Berlin, 1987).

Die Zeit dieser (zwar demütigenden) Duldung endete mit der erfolgreichen *Reconquista*, der spanisch-katholischen Rückeroberung Spaniens im Januar des Jahres 1492. Bereits im März des gleichen Jahres erlässt das katholische Königspaar Ferdinand II. von Aragon und Isabella I. von Kastilien-Leon ein Edikt, das den Juden drei Monate Zeit lässt, entweder die katholische Taufe anzunehmen oder auszuwandern.

Aber es gab auch Stimmen wie die eines Bernhard von Clairvaux (12. Jahrhundert), der im Zusammenhang mit Kreuzzügen vor Judenverfolgungen warnte, indem er anhand von Stellen wie Psalm 59,12 und Römer 11,25 zeigte, dass man mit ihnen anders verfahren müsse als mit den Mohammedanern. Er hielt der Christenheit vor, dass unter ihnen schlimmerer Wucher sei als unter den Juden und dass christliche Seelenverführer dem Heiland Schlimmeres antun als die Juden.

Trotz solcher Stimmen wurde die Kirche immer judenfeindlicher, wie das oben angeführte Beispiel Spaniens zeigt. Seit den Kreuzzügen beginnt man die Juden als Kinder des Teufels zu bezeichnen. Sie werden beschuldigt,

Brunnen zu vergiften, Hostien zu schänden, christliche Kinder zu ermorden und für rituelle Zwecke zu verwenden.

So entstand im Mittelalter die Legende vom „Ewigen Juden", der wegen der Ermordung des Messias bis an das Ende der Zeit ohne Rast und Erlösung durch den Tod über die Erde ziehen muss.

Aus der religiösen wurde auch gesellschaftliche Diskrimination. Juden wurde der Zugang zu fast allen Berufen verwehrt, und sie durften kein Land besitzen. In den Städten wurden sie in besondere Judenviertel, in die Ghettos, verdrängt.

4. Aufklärung und Emanzipation

Wir haben jetzt mehrmals gesehen, dass das talmudische Judentum bis zum ausgehenden 18. Jahrhundert allein bestimmend war. Es gab zwar unterschiedliche Auslegungen und Anwendungen des Talmuds, aber er wurde von allen als verbindlich angesehen. Es gab eine philosophische Richtung neben einer mystischen; es gab die schwärmerischen Chassiden und ihre Gegner, die Mitnagdim. Aber alle waren gesetzestreue Juden. Dann kam es im Zusammenhang mit der Aufklärung zur so genannten Judenemanzipation, d. h. dass aufgeklärte Fürsten – wie etwa Friedrich der Große von Preußen und andere – in einem europäischen Land nach dem anderen alle judendiskriminierenden Gesetze aufhoben. Während Jahrhunderten durften Juden keinen Boden besitzen oder bebauen und kein Handwerk erlernen. Sie lebten im Ghetto der

26

christlichen Städte oder im Stetl – so die übliche Schreibweise, wobei nicht einzusehen ist, warum man nicht Städtel schreiben sollte, damit erstens jeder das Wort gleich begreift und zweitens auch merken kann, dass die Juden Osteuropas ein mittelalterliches Süd-Deutsch, Jiddisch = Jidisch = Jüdisch, redeten –, der rein jüdischen Siedlung innerhalb der osteuropäischen Länder.

Die Verbannung der Juden ins Ghetto erklärt, warum die Juden nur zwei Dinge tun konnten:

1. Sie konnten sich in Bücher vergraben und
2. sie durften Geld auf Zins leihen, was den Christen verboten war. Den Juden überließ man das sündige Geschäft, man zwang sie sogar dazu. Und so verwalteten sie die Geldgeschäfte der christlichen Fürsten und Händler und wurden zu Bankleuten.

Die Emanzipation befreite die Juden aus ihrer Isolation. Nun öffneten sich ihnen die Türen für alle bürgerlichen Berufe. Endlich durften sie all das lernen und ausüben, was die Christen immer tun durften. Die Juden drangen innerhalb kurzer Zeit in alle Bereiche des bürgerlichen Lebens und des Wettbewerbs vor. Dichter, Maler, Musiker und Gelehrte jüdischer Herkunft sind inzwischen aus der Kultur Europas nicht mehr wegzudenken. Wir denken dabei an Namen wie Heinrich Heine, Else Lasker-Schüler, Alfred Döblin, Karl Marx, Felix Mendelssohn, Marc Chagall, Walter Rathenau, Albert Einstein und andere. Daher auch der Name „Emanzipation" oder eben auf Deutsch: Befreiung der Juden von dieser Diskriminierung. Diese führte aber auch innerhalb des Judentums zu einer Veränderung. Als der Zusammenhalt der Juden nicht mehr durch den äußeren Zwang gegeben war, erfolgte eine Freiheit im Denken. So entstand das so genannte „Reformjudentum", das immer weniger Gewicht auf die religionsgesetzlichen Formen und Vorschriften legte und sich auf den ethischen Gehalt des Judentums konzentrierte. Nach dem *Neuen Lexikon des Judentums* hat das Reformjudentum 1,2 Mio. Anhänger. Es ist dem liberal aufgeklärten Protestantismus ziemlich ähnlich, indem alles ganz vernünftig erklärt wird und man ohne jede Berufung auf das Jenseits und das Göttliche auskommt.

5. Der Zionismus und die Staatsgründung

Trotz der Emanzipation wurden die Juden nicht von dem Druck befreit, der immer wieder auf sie ausgeübt wurde. Es waren die noch verbliebenen antijüdischen Vorurteile und der daraus immer wieder aufflammende Antisemitismus, der vielen Juden die Augen dafür öffnete, dass sie bei aller bürgerlichen Gleichstellung mit den Katholiken, Protestanten und Orthodoxen in Europa doch nie unter ihnen heimisch werden würden. Ein für die christliche Kirche beschämendes Kapitel sind die über die Jahrhunderte teils angestifteten und sonst geduldeten Verfolgungen und Vertreibungen der Juden. Die Verdächtigungen, Unterstellungen und Pogrome hörten auch nach der Emanzipation der Juden nicht auf. Im ausgehenden 19. Jahrhundert häuften sich in Europa die Feindseligkeiten.

Die Antwort auf die antijüdischen Pogrome und Hetzen war der Zionismus. Die Juden begriffen, dass sie erst dann Ruhe finden und in Frieden leben könnten, wenn sie ein eigenes Land hätten. Theodor Herzl, ein österreichischer

Jude, rief beim ersten zionistischen Weltkongress 1897, den er in Basel gegründet hatte, den Judenstaat zwar nicht aus, aber er sagte, dass die Juden innerhalb von 50 Jahren ihren eigenen Staat bekommen würden. Genau 50 Jahre später wurde Herzels Projekt Wirklichkeit. Ein UNO-Beschluss im November 1947 legte die völkerrechtliche Grundlage für die Ausrufung des Staates Israel, die im Mai 1948 erfolgte.

6. Hauptströmungen im heutigen Judentum

Heute kann man von drei Hauptströmungen des Judentums sprechen, von orthodoxen, konservativen und Reformjuden. Diese drei bilden wiederum keine einheitlichen Gruppierungen.

1. Die *orthodoxen Juden* halten sich noch ganz an die talmudischen Vorschriften, und zwar bis hin zu den Kleidervorschriften. Sie weigern sich strikt, am Sabbat irgend etwas zu tun, was der Talmud verbietet.

2. Dann gibt es die *konservativen Juden*, die so viel wie möglich vom geistlichen Erbe des Judentums bewahren wollen; sie gehen ebenfalls regelmäßig in die Synagoge, doch sie wollen zugleich gegenwartsorientiert leben.

3. Schließlich gibt es die *liberalen Juden*, die den durchschnittlichen evangelischen oder katholischen Deutschen, Skandinaviern oder Schweizern ähneln, die vielleicht an Ostern, aber zumindest an Weihnachten, also einmal im Jahr, in die Kirche gehen und ir-

29

gendwann mal gefirmt oder konfirmiert werden, das ist dann alles. So ungefähr machen es die liberalen Juden, die ein- bis zweimal im Jahr an den hohen Feiertagen in die Synagoge gehen.

Die orthodoxen Juden oder – wie sie sich nennen – die „Thoratreuen", z. B. die Anhänger von Agudat Jisrael, leben zwar in Israel, lehnen aber den Staat Israel konsequent ab und sagen, dass er ein Menschenwerk sei und dass Israel sein Land erst bekommen werde, wenn der Messias kommt. Deshalb sind sie gegen diesen Staat und verweigern auch den Waffendienst. Sie werden aber von der Armee geschützt, was sie sich gern gefallen lassen.

Eine andere orthodoxe Richtung vertritt Misrachi; sie zählt sich zu den Zionisten, sieht aber nur dann eine Rechtfertigung für den jüdischen Staat, wenn er auf den religiösen Traditionen aufbaut. Sie sagen also, Gott habe ihnen das Land gegeben, damit sie darin nach Gottes Geboten leben. Dann gibt es einen anderen Schlag von orthodoxen oder thoratreuen Juden, das sind die radikalen Siedler vom Gusch Emunim, wörtlich „der Block der Treuen" oder „Gläubigen". Sie argumentieren genau umgekehrt: Der Messias werde erst dann kommen, wenn die Juden jeden Fußbreit des Landes Israel besetzt haben. Das erklärt, warum sie sich von niemandem davon abhalten lassen, ihre Siedlungen zu erstellen. Sie wehren sich mit allen Mitteln dagegen – wenn es sein muss, sogar mit Waffengewalt –, wenn israelische Behörden ihre Siedlungen räumen wollen. Für sie ist es eine religiöse Überzeugung: „Der Boden gehört uns, und der Messias kommt erst, wenn wir die in der Bibel gegebenen Grenzen des Landes Israel bis in die letzten Winkel besitzen."

Wir merken, dass solche Überzeugungen ungeheure Sprengkraft in sich bergen. Die Ansicht der Siedler prallt mit der orthodoxen Überzeugung frontal zusammen, die sich ebenso auf den Messias beruft, aber sagt: „Wir müssen warten, bis der Messias kommt; dann bekommen wir das Land."

Als nächstes wollen wir uns die Glaubensinhalte des Judentums etwas näher ansehen und uns dazu folgende drei Fragen stellen:

- Wie steht das Judentum zu Jesus von Nazareth?
- Was sagt das Judentum über Gott?
- Was lehrt das Judentum über das Wesen des Menschen?

7. Das Judentum und Jesus von Nazareth

An Jesus von Nazareth sind die Juden gestrauchelt. Doch sie werden, und das sage ich jetzt als bibellesender Christ, ihre von Gott gegebene Bestimmung noch erreichen, aber erst, wenn sie den Messias anerkennen. Dass das noch geschehen wird, haben die alttestamentlichen Propheten angekündigt. Sacharja 12,10 weissagt vom Tag, an dem die Juden Jesus als ihren Messias erkennen und darüber Leid tragen werden, dass sie Ihn damals verworfen haben. Jesaja 53 ist das Gebet der Buße, das sie dann sprechen werden. Sollte es ein Zufall sein, dass sowohl im Einjahres- als auch im Dreijahreszyklus der fortlaufenden synagogalen Lesung des Pentateuchs und der Propheten Jesaja 53 ausgelassen wird? Das Kapitel spricht so deutlich vom sühnenden Leiden Jesu, dass man die Erfüllung durch

31

Jesus von Nazareth nicht übersehen kann. Darum nennt man diese Weissagung Jesajas auch „das schlechte Gewissen der Juden".

Weshalb sich das Judentum an Jesus von Nazareth stößt, zeigt folgendes Zitat aus dem *Neuen Lexikon des Judentums*:

> „Vom Judentum aus lässt sich in einem normativen Sinn von Jesus von Nazareth nur eine negative Aussage formulieren. Für das Judentum ist Jesus nicht der Messias, denn die Welt hat sich nach dem Opfergang von Golgatha nicht grundsätzlich verändert. Es gab Kriege vor und nach Jesus, Klassen- und Rassenhass wurden durch sein Wirken nicht beseitigt, so dass unsere Welt noch der Erlösung harrt. Vom Messias aber wird erwartet, dass er den Weltfrieden bringt, Israel in das Land der Verheißung zurückführt, das Reich seines Urvaters David wieder errichtet und den dritten Tempel erbaut."

Uns ist auch bekannt, dass die Juden Schwierigkeiten hatten zu akzeptieren, dass Jesus der Messias sein könne, wenn er am Kreuz endete. Die Jünger selbst hatten Schwierigkeiten, das zu verstehen. Die Emmausjünger sprachen ebenfalls davon: „Wir aber hofften, dass er der sei, der Israel erlösen solle" (Lk 24,21). Dass Israel nicht im erwarteten Sinn erlöst wurde, war für die Juden schwer zu verstehen, und das ist bis heute der Hauptgrund dafür, dass die Juden Jesus als Messias nicht annehmen können. Der dritte Tempel ist nicht errichtet, der Weltfriede ist nicht in Erfüllung gegangen, Israel ist nicht durch Ihn in das Land der Verheißung zurückgeführt, und das Reich des Urvaters David ist nicht errichtet worden.

32

Weiter lesen wir in dem erwähnten Buch:

„Für das Judentum ist Jesus auch nicht der eingeborene Sohn Gottes, das Fleisch gewordene Wort Gottes, da diese Vorstellungen dem Judentum fremd sind. Aus jüdischer Sicht kann Jesus auch nicht als zweite Person einer Trinität gesehen werden, da das Judentum keine Dreifaltigkeit kennt und an dem Bekenntnis festhält: ‚Höre, Israel, der Herr, unser Gott, der Herr ist einer‘ (5Mo 6,4), das Jesus selbst als das vornehmste der Gebote bezeichnet hat.

Kreuz und Leiden Jesu können aus jüdischer Perspektive nicht isoliert betrachtet werden. Jesus ist für das Judentum ein Blutzeuge des Glaubens Israels, aber nicht der einzige Gerechte, dessen Sühneleiden als Regulativ der Schöpfung gesehen wird. Die Thora, das Gesetz Israels, ist jedem Juden zur Erfüllung aufgetragen, so dass es nicht von Jesus stellvertretend ein für allemal erfüllt werden konnte.“

Wir merken, dass sich der Verfasser dieses Artikels sehr gut in der christlichen Glaubenslehre auskennt. Er begründet, warum man diese aus jüdischer Sicht nicht akzeptieren könne.

„Jesus von Nazareth gilt (irrtümlich) als der Stifter des Christentums, was seinen eigenen Intentionen aber keineswegs entsprach.“

Das hat der Verfasser dieses Artikels von liberalen evangelischen Theologen übernommen, die solche Dinge lehren. Wie schwer es für den Juden ist, zu verstehen, dass Jesus Christus den alttestamentlichen Glauben erfüllt (und

33

nicht aufhebt), zeigt dieses letzte Zitat aus dem gleichen Lexikon:

> „Er war ein Rabbi in Israel, der die Revolution der Herzen gegen eine erstarrte Gesetzlichkeit predigte, aber nicht eine wie immer geartete Lösung vom Judentum: ,Ich bin nicht gekommen, das Gesetz [die Thora] aufzuheben, sondern zu stärken' (Mt 5,17). ,Eher werden Himmel und Erde vergehen als ein Jota am Gesetz' (Mt 5,18; Lk 16,17). ,Ich bin nur gesandt zu den verlorenen Schafen aus dem Hause Israel' (Mt 15,24)."

8. Glaubensinhalte

Mose ben Maimon, genannt Maimonides (1135–1204), der größte jüdische Gesetzesgelehrte und Religionsphilosoph, hat in seinen 13 Glaubenswahrheiten ein prägnantes und doch umfassendes Glaubensbekenntnis erstellt:

> „1. Ich glaube mit voller Überzeugung, daß der Schöpfer - gelobt sei sein Name - alle Geschöpfe erschaffen hat und lenkt.
>
> 2. Ich glaube ..., daß der Schöpfer einzig ist.
>
> 3. Ich glaube ..., daß der Schöpfer kein Körper ist und seinesgleichen nicht hat.
>
> 4. Ich glaube ..., daß der Schöpfer der Erste und Letzte sein wird.
>
> 5. Ich glaube ..., daß der Schöpfer allein Anbetung verdient und daß es sich nicht gehört, ein Wesen außer ihm anzubeten.
>
> 6. Ich glaube ..., daß alle Worte der Propheten wahr sind.
>
> 7. Ich glaube ..., daß das Prophetentum unseres Propheten Mose wahr ist und er der Meister aller Propheten war, die vor ihm waren und nach ihm kamen.
>
> 8. Ich glaube ..., daß die ganze Thora ... unserem Lehrer Mose gegeben wurde.

34

9. Ich glaube ..., daß die ganze Thora nie vertauscht werden und keine andere vom Schöpfer ... ausgehen wird.
10. Ich glaube ..., daß der Schöpfer ... alle Handlungen der Menschen und alle ihre Gedanken kennt.
11. Ich glaube ..., daß der Schöpfer ... Gutes erweist denen, die seine Gebote beachten, und bestraft, die seine Gebote übertreten.
12. Ich glaube ... an das Erscheinen des Messias, und wenn er auch säumt, so harre ich trotzdem täglich seiner Ankunft.
13. Ich glaube ..., daß eine Auferstehung der Toten zu der Zeit stattfinden wird, die dem Schöpfer wohlgefallen wird."

Ein weiteres Dokument der Glaubensinhalte des Judentums ist das in der Synagoge am häufigsten gesprochene Gebet Schmone Esre, das „Achtzehn-Bitten-Gebet":

I. Gelobt seist du, ewiger Gott und Gott unserer Väter, Gott Abrahams, Gott Isaaks und Gott Jakobs, großer starker und furchtbarer Gott, höchster Gott, der du beglückende Wohltaten erweisest und Eigner des Alls bist, der du der Frömmigkeit der Väter gedenkst und einen Erlöser bringst ihren Kindeskindern um deines Namens willen in Liebe. König, Helfer, Retter und Schild! Gelobt seist du, Ewiger, Schild Abrahams!

II. Du bist mächtig in Ewigkeit, Herr, belebst die Toten, du bist stark zum Helfen. Du ernährst die Lebenden mit Gnade, belebst die Toten in großem Erbarmen, stützest die Fallenden, heilst die Kranken, befreist die Gefesselten und hältst die Treue denen, die im Staube schlafen. Wer ist wie du, Herr der Allmacht, und wer gleichet dir, König, der du tötest und belebst und Heil aufsprießen läßt. Und treu bist du, die Toten wieder zu beleben. Gelobt seist du, Ewiger, der du die Toten wieder belebst!

III. Du bist heilig, und dein Name ist heilig, und Heilige preisen dich jeden Tag. Sela! Gelobt seist du, Ewiger, heiliger Gott!

IV. Du begnadest den Menschen mit Erkenntnis und lehrst den Menschen Einsicht, begnade uns von dir mit Erkenntnis, Ein-

sicht und Verstand. Gelobt seist du, Ewiger, der du mit Er
kenntnis begnadest!

V.   Führe uns zurück, unser Vater, zu deiner Lehre, und bringe
uns, unser König, deinem Dienst nahe und laß uns in voll-
kommener Rückkehr zu dir zurückkehren. Gelobt seist du,
Ewiger, der du an der Rückkehr Wohlgefallen hast!

VI.   Verzeihe uns, unser Vater, denn wir haben gesündigt, ver-
gib uns, unser König, denn wir haben gefrevelt, denn du
vergibst und verzeihst. Gelobt seist du, Ewiger, der du gnädig immer wieder verzeihst!

VII. Schaue auf unser Elend, führe unseren Streit und erlöse uns
rasch um deines Namens willen, denn du bist ein starker Erlöser. Gelobt seist du, Ewiger, der du Israel erlöst!

VIII. Heile uns, Ewiger, dann sind wir geheilt, hilf uns, dann ist
uns geholfen, denn du bist unser Ruhm, und bringe voll
kommene Heilung allen unseren Wunden, denn Gott, König,
ein bewährter und barmherziger Arzt bist du. Gelobt seist
du, Ewiger, der du die Kranken deines Volkes Israel heilst!

IX.   Segne uns, Ewiger, unser Gott, dieses Jahr und alle Arten
seines Ertrages zum Guten, gib Segen der Oberfläche der
Erde, sättige uns mit deinem Gute und segne unser Jahr wie die
guten Jahre. Gelobt seist du, Ewiger, der du die Jahre segnest!

X.   Stoße in das große *Schofar* zu unserer Befreiung, erhebe das
Panier, unsere Verbannten zu sammeln, und sammle uns
insgesamt von den vier Enden der Erde. Gelobt seist du,
Ewiger, der du die Verstoßenen deines Volkes Israel sam-
melst!

XI.   Bringe unsere Richter wieder wie früher und unsere Ratge-
ber wie ehedem, entferne von uns Seufzen und Klage, re-
giere über uns, Ewiger, allein in Gnade und Erbarmen und
rechtfertige uns im Gericht. Gelobt seist du, Ewiger, König,
der du Gerechtigkeit und Recht liebst!

XII. Den Verleumdern sei keine Hoffnung, und alle Ruchlosen
mögen im Augenblick untergehen, alle mögen sie rasch aus-
gerottet werden, und die Trotzigen schnell entwurzle, zer-
schmettere, wirf nieder und demütige sie schnell in unseren
Tagen. Gelobt seist du, Ewiger, der du die Feinde zerbrichst
und die Trotzigen demütigst!

36

XIII. Über die Gerechten, über die Frommen, über die Ältesten deines Volkes, des Hauses Israel, über den Überrest ihrer Gelehrten, über die frommen Proselyten und über uns sei dein Erbarmen rege, Ewiger, unser Gott, gib guten Lohn allen, die auf deinen Namen in Wahrheit vertrauen, und gib unseren Anteil mit dem ihrigen zusammen in Ewigkeit, daß wir nicht zuschanden werden, denn auf dich vertrauen wir. Gelobt seist du, Ewiger, Stütze und Zuversicht der Frommen!

XIV. Nach deiner Stadt Jerusalem kehre in Erbarmen zurück, wohne in ihr, wie du gesprochen, erbaue sie bald in unseren Tagen als ewigen Bau, und Davids Thron gründe schnell in ihr. Gelobt seist du, Ewiger, der du Jerusalem erbaust!

XV. Den Sprößling deines Knechtes David laß rasch emporsprießen, sein Horn erhöhe durch deine Hilfe, denn auf deine Hilfe hoffen wir den ganzen Tag. Gelobt seist du, Ewiger, der das Horn der Hilfe emporsprießen läßt!

XVI. Höre unsere Stimme, Ewiger, unser Gott, schone und erbarme dich über uns, nimm mit Erbarmen und Wohlgefallen unser Gebet an, denn Gott, der du Gebete und Flehen erhörst, bist du, weise uns, unser König, nicht leer von dir hinweg. Denn du erhörst das Gebet deines Volkes Israel in Erbarmen. Gelobt seist du, Ewiger, der du das Gebet erhörst!

XVII. Habe Wohlgefallen, Ewiger, unser Gott, an deinem Volke Israel und ihrem Gebete, und bringe den Dienst wieder in das Heiligtum deines Hauses, und die Feueropfer Israels und ihr Gebet nimm in Liebe auf mit Wohlgefallen, und zum Wohlgefallen sei beständig der Dienst deines Volkes Israel. Und unsere Augen mögen schauen, wenn du nach Zion zurückkehrst in Erbarmen. Gelobt seist du, Ewiger, der seine Majestät nach Zion zurückbringt!

XVIII. Wir danken dir, denn du bist der Ewige, unser Gott und der Gott unserer Väter, immer und ewig, der Fels unseres Lebens, der Schild unseres Heils bist du von Geschlecht zu Geschlecht. Wir wollen dir danken und deinen Ruhm erzählen für unser Leben, das in deine Hand gegeben, und unsere Seelen, die dir anvertraut, und deine Wunder, die uns täglich zuteil werden, und deine Wundertaten und Wohltaten zu jeder Zeit, abends, morgens und mittags. Allgütiger, dein Erbarmen ist nie zu Ende, Allbarmherziger, deine Gnade hört nie auf, von je hoffen wir auf dich. Für alles sei dein Name gepriesen und gerühmt, unser König, beständig und immer und ewig. Alle Lebenden danken dir, Sela, und rühmen deinen Namen in Wahrheit, Gott unserer Hilfe und unseres Beistandes, Sela! Gelobt seist du, Ewiger, Allgütiger ist dein Name, und dir ist schön zu danken!

XIX. Verleihe Frieden, Glück und Segen, Gunst und Gnade und Erbarmen uns und ganz Israel, deinem Volke, segne uns, unser Vater, uns alle vereint durch das Licht deines Angesichts, denn im Lichte deines Angesichtes gabst du uns, Ewiger, unser Gott, die Lehre des Lebens und die Liebe zum Guten, Heil und Segen, Barmherzigkeit, Leben und Frieden, und gut ist es in deinen Augen, dein Volk Israel zu jeder Zeit und jeder Stunde mit deinem Frieden zu segnen. Gelobt seist du, Ewiger, der du dein Volk Israel mit Frieden segnest!

8.1. Die Einheit Gottes

Das jüdische Glaubensbekenntnis, der berühmte Satz aus dem 5. Buch Mose, lautet nach der jüdischen Übersetzung von Leopold Zunz: „Höre Jisrael: Der Ewige, unser Gott, ist ein einiges ewiges Wesen" (5Mo 6,4).

Dieses Bekenntnis verbietet dem Juden, an die Gottheit des Messias zu glauben; die biblische Lehre von der Dreieinigkeit ist ihm ein Ärgernis. Das oben zitierte *Neue Lexikon zum Judentum* sagt sogar, dass die Vorstellung, der Messias sei göttlich, nach jüdischer Auffassung gar nicht möglich ist. Das war auch für die Zeitgenossen des Herrn eine Schwierigkeit. Wir erinnern uns an eine Stelle in den

Evangelien, die sowohl Matthäus als Markus und auch Lukas überliefert haben, weil sie für die ganze Begegnung des Herrn mit den Juden so bezeichnend ist. Der Herr selbst bringt durch seine Frage nach der Identität des Sohnes Davids die Gelehrten seiner Tage in Verlegenheit, und das zeigt, dass die Einheit Gottes bereits damals so verstanden wurde, dass Gott nicht gleichzeitig mehrere Personen sein könne: „Als aber die Pharisäer versammelt waren, fragte sie Jesus und sprach: Was denkt ihr von dem Christus? Wessen Sohn ist er? Sie sagen zu ihm: Davids. Er spricht zu ihnen: Wie nennt David ihn denn im Geist Herr, indem er sagt: ‚Der Herr sprach zu meinem Herrn: Setze dich zu meiner Rechten, bis ich deine Feinde hinlege unter deine Füße'? Wenn nun David ihn Herr nennt, wie ist er sein Sohn? Und niemand konnte ihm ein Wort antworten, noch wagte jemand von dem Tag an, ihn ferner zu befragen" (Mt 22,41–46).

Entsprechend ist der Messias nach jüdischer Erklärung bestenfalls ein idealer Frommer; nach moderner Interpretation sogar nur noch die Verwirklichung einer erhabenen ethischen Idee.

Psalm 110, nur eine von vielen Stellen, macht ganz deutlich, dass der Messias selbst Gott ist, weshalb David ihn „Herr" nennt. Wir fragen uns, wie man denn so deutliche Bekenntnisse der Propheten zur Gottheit des Messias übersehen konnte. Es lässt sich nicht anders erklären, als dass die *mündliche Lehre* – das, was später zum *Talmud* wurde – solches Gewicht im Denken und Handeln der Juden bekommen hatte, dass sie solche Abschnitte gar nicht mehr lasen, oder wenn sie sie lasen, die traditionelle Erklärung schon solches Gewicht hatte, dass man David selbst gar nicht mehr hörte. Folglich konnte man nicht mehr sehen, dass das Alte Testament ganz deutlich sagt, dass der Messias der HERR selbst, der Gott Israels ist.

8.2. Das Wesen des Menschen

Es ist hochinteressant, was das Judentum über den Menschen sagt. Obwohl die Bibel so deutlich in 1. Mose 5 lehrt, dass der Mensch zum Sünder geworden ist und seitdem jeder Mensch als Sünder geboren wird, weil die Eltern Sünder sind, erkennt das Judentum diese Wahrheit nicht. Außerdem haben wir Aussagen in den Psalmen, z. B. Psalm 51,7: „Siehe, in Ungerechtigkeit bin ich geboren, und in Sünde hat mich meine Mutter empfangen." Auch im Buch Hiob wird die Erbsünde ganz deutlich gelehrt: „Wie könnte ein Reiner aus einem Unreinen kommen? Nicht ein einziger!" (Hiob 14,4).

Trotzdem hat das Judentum eine Lehre über den Menschen entwickelt, die die Erbsünde vollständig ausblendet. Die Zweitrieblehre soll erklären, warum der Mensch nicht nur Gutes, sondern auch Böses tut. Ich lese einige Sätze aus dem Buch *Einführung in die rabbinische Theologie* von Pnina Navè Levinson:

> „In ihrer ganzheitlichen Sicht des Menschen formulierten die Rabbinen die Lehre vom guten und vom bösen Trieb, mit denen Gott den Menschen erschuf, hebräisch ‚Jezer tow' und ‚Jezer hara'."

Das Judentum lehrt also, Gott habe den Menschen mit einem guten und mit einem bösen Trieb geschaffen.

40

„Beide sind notwendige Motoren oder Motivationen. Aber steht dies nicht im Widerspruch zum Bibeltext, wo allein vom bösen Trieb des Menschen die Rede ist (1Mo 6,5; 8,21)?"

Tatsächlich sagt der HERR, dass das Dichten und Trachten des Herzens des Menschen nur böse war den ganzen Tag; der sündige Mensch hat also nur einen Trieb, und zwar nur einen bösen Trieb.

„Die Exegeten fanden schon früh einen Weg zum Schriftbeweis für ihre Bejahung des Menschen."

Auch hier merken wir wieder, dass eine Tradition, eine talmudische Erklärung zur Bibel, sich wie eine Decke über die Bibel gelegt hat, so dass man die Bibel nicht mehr unmittelbar hört.

„Bei der Erschaffung des Menschen heißt es in 1. Mose 2,7, dass Gott ihn formte (hebr. *wajijzer*). Sie deuteten den Doppelbuchstaben Jod im obigen Sinn. Ein Beispiel dafür ist die aramäische Übersetzung des Pseudo-Jonathan: ‚Er erschuf den Menschen mit zwei Trieben.' Nach der gleichen Methode wird im Gebot der Gottesliebe der Ausdruck gedeutet ‚mit deinem ganzen Herzen' (5Mo 6,5): ‚mit beiden Trieben' ... In der Absage an eine selbständige Macht des Bösen predigen die Rabbinen den Weg zur Verstärkung des guten Triebes. Gott zeigt dem Menschen den Weg dazu, und zwar mittels der Thora, die Gegengift und Heilmittel ist (Bab. Talmud, Baba Batra 16a). Auch hier dient die Sprachdeutung als Beleg für rabbinische Pädagogik. Von Gottes Geboten heißt es (5Mo 11,18): ‚Legt sie

41

(hebr. *ssamtem*) auf euer Herz.' Das bedeutet: ssam tam – vollkommenes Heilmittel. Ein Gleichnis von dem König, der seinen Sohn verwundete und ihm dann einen Verband anlegt, so dass er schmerzfrei essen, trinken und baden kann. So spricht Gott zu Israel: Der böse Trieb, den ich in euch erschuf, kann euch nichts anhaben, solange ihr euch mit der Thora beschäftigt (Bab. Talmud, Kidduschin 30b). Wer jedoch auf seinen bösen Trieb hört, gleicht einem Götzendiener (Jerusalemer Talmud, Nedarim 9,1). Wer ihn einschränkt, gleicht einem, der einen Felsbrocken Stück um Stück aus dem Weg räumt, und ihm steht Gott bei (Pessikta de Raw Kahana 165a) ..."

Gott hat also angeblich den Menschen sowohl mit einer bösen als auch mit einer guten Anlage geschaffen. Dann habe Gott die Thora gegeben, damit die gute Anlage gestärkt würde. Wenn der Mensch sich mit der Thora beschäftige, würde die gute Anlage siegen.

„Für die Rabbinen besteht das Besondere des Menschen in der Willensfreiheit. Das Essen vom Baum der Erkenntnis (1Mo 3) ist der Auftakt der menschlichen Geschichte."

Demnach sei der Mensch frei: frei, das Böse abzulehnen, und frei, das Gute zu wählen und zu tun.

„Die biblische Ethik setzt [gemäß rabbinischer Interpretation, B.P.] voraus, dass der Mensch wählen kann. Der Weg ist angegeben, Ursache und Folge werden genannt (z. B. 3Mo 26,3–46; 5Mo 11,26–28; Jos 24,14.15). Als ethische Persönlichkeit ist der Mensch für die Wahl

42

seines Handelns verantwortlich. Im unausgesprochenen Konflikt der Brüder Kain und Abel, bevor der Mord geschieht, heißt es als Leitmotiv der Ethik: ‚An der Schwelle kauert die Sünde und nach dir ist ihre Begierde. Du aber herrsche über sie' (1Mo 4,7). Denn Gewalttat aus Neid und Eifersucht ist nicht angeboren. Der Mensch kann lernen, andere Wege zu gehen. Gott in seiner Allmacht zwingt ihn jedoch nicht dazu: ‚Alles ist in der Hand des Himmels, außer der Gottesfurcht' (Babylonischer Talmud, Berachot 33b). Gott weiß zwar, was geschehen wird – trotzdem besteht das Paradox, dass der Mensch selbst für die Richtung seines Handelns verantwortlich ist: ‚Alles ist vorausgesehen, aber die freie Wahl ist gegeben' (Sprüche der Väter 3,19). Der Schöpfer hofft auf die rechte Entscheidung des Menschen, lehren die Rabbinen etwa zu 5Mo 32,4 – ‚Gott des Vertrauens und ohne Unrecht': Er vertraut der Welt und schuf die Menschen, damit sie recht handeln können (Midrasch Sifré [Auslegung] zu 5Mo 32,4) ... Die Wahl zwischen Gut und Böse setzt voraus, dass es beides gibt und es dem Menschen auch durchaus möglich ist, sich so oder so zu entscheiden."

Vielleicht haben wir bei dieser Darstellung des Menschen gemerkt, dass das sehr der Sicht ähnelt, die sich später im Lauf der Jahrhunderte ebenfalls in der Christenheit durchsetzte. Das ist hundertprozentig das katholische Bild vom Menschen und der Erlösung. Der Mensch habe zwar eine böse Neigung, er habe aber auch Gutes in sich, sein Wille sei frei, er könne das Gute wählen oder mit Gottes Hilfe das Gute tun, und dann werde er das Böse überwinden. Die katholische Heilslehre ist also hundertprozentig Judentum. Die Bibel lehrt, dass wir verantwortlich sind und

43

wirklich wählen müssen, aber nicht die Kraft haben, das Gute zu wählen, sondern nur das Böse. Darum wählen wir *immer* das Böse, das, was *uns* nützt, was *uns* gefällt, was *uns* behagt und was *wir* wollen. Kein Sünder wählt von sich aus Gottes Willen, sonst wäre er ja kein Sünder, sondern ein Heiliger. Aber wir sind es eben nicht. Das jüdische Bild vom Menschen ist ein sehr optimistisches und humanistisches und damit sehr modernes Bild.

Der sehr einflussreiche Rabbi Mose ben Maimon, bekannt als Maimonides, lebte im maurischen Spanien (1135 bis 1204 n. Chr.) Er war so groß, dass man Jahrhunderte später noch von ihm sagte: „Von Mose bis Mose stand keiner auf wie Mose." Dieser Rabbi Mose ben Maimon sagte im gleichen Zusammenhang in seinem bekannten Werk *Die Acht Fragen*, einem Kommentar zu den talmudischen „Sprüchen der Väter", Folgendes:

> „Die keinem Zweifel unterliegende Wahrheit ist allein die, dass alle Handlungen des Menschen ihm selbst anheim gestellt sind: Will er etwas tun, so tut er es, will er es unterlassen, so unterlässt er es, ohne irgendwelchen ihn nötigenden Zwang. Darum war es möglich, ihm [dem Menschen] Befehle zu geben. Gott sprach: ‚Siehe, ich habe dir heute vorgelegt das Leben und das Gute, den Tod und das Böse ... wähle das Leben!' (5Mo 30,19), und er ließ die freie Wahl; weiter folgte daraus die Bestrafung derer, die dem Gesetz zuwiderhandeln, und die Belohnung derer, die Gott dienen, wie es heißt: ‚Wenn ihr gehorchen werdet ..., und wenn ihr nicht gehorchen werdet.'

> Was aber den bei den Weisen vorkommenden Ausspruch betrifft: ‚Alles ist in Gottes Hand, mit Ausnah-

44

me der Gottesfurcht', so ist er wahr und geht auf eben das hin, was wir gesagt haben ... Mit dem Worte ‚alles' meinen die Weisen nur die natürlichen Dinge, hinsichtlich deren der Mensch keine freie Wahl hat, wie z. B. dass er groß oder klein ist, dass es regnet oder dass Dürre herrscht, dass die Luft ungesund oder gesund ist und dergleichen mehr von allem, was in der sinnlichen Welt geschieht, mit Ausnahme des Tuns und Lassens des Menschen.

In den von den Weisen ausgesprochenen Gedanken aber, dass Gesetzesbefolgung und Gesetzesübertretung weder von der Vorherbestimmung, noch von dem Willen Gottes, sondern von dem Entschluss des Menschen abhängen, folgten sie dem Ausspruch Jeremias, (Klgl 3,38–41), der also lautet: ‚Aus dem Munde des Höchsten geht nicht das Böse und auch nicht das Gute hervor.' Denn das ‚Böse' bedeutet die bösen, das ‚Gute' die guten Handlungen, und demnach sagt er, Gott bestimme nicht vorher, dass der Mensch das Böse, und auch nicht, dass er das Gute tun solle. Wenn sich nun aber die Sache so verhält, so ziemt es dem Menschen, über die von ihm begangenen Sünden und Missetaten zu trauern und zu jammern, da er selbst nach seiner freien Wahl böse gehandelt hat, und daher heißt es dort: ‚Wie klagt ein Mensch bei seinem Leben, ein Mann über seine Sünden!' Wiederum heißt es aber dann auch, die Heilung dieser Krankheit liege in unseren Händen indem wir, wie wir nach unserer Wahl gesündigt, auch uns bekehren und von unseren bösen Handlungen zurückkommen können. ‚Wohlan', heißt es darauf, ‚lasset uns unseren Wandel durchforschen und ergründen und zu Gott zurückkehren, lasset uns unsere Herzen mit den Händen zu Gott im Himmel erheben!'„

Bezeichnenderweise zitiert Maimonides nicht auch Klagelieder 5,21, denn dort sagt Jeremia: „HERR, bring uns zu dir zurück, dass wir umkehren." Jeremia betete so, weil er nur zu gut wusste: Wir können uns nicht selbst bekehren. In uns ist gar kein Trieb dazu. Ohne Gottes Wirken, ohne Gottes Gnade und ohne Gottes Geist wird das keiner tun, weil eben kein guter Trieb in uns ist, sondern nur ein sündiger, ein ich-bezogener; wir lieben uns selbst, nicht Gott. In unserer Eigenliebe sind wir wirklich gefangen. Das ist der böse Trieb.

Erlösung

Mit der jüdischen Lehre vom Menschen hängt untrennbar die Lehre von der Erlösung zusammen. Ist der Mensch nicht so radikal verdorben, wie die Bibel ihn darstellt, dann kann er sich in freier Wahl für den Weg des Heils entscheiden und darf mit der Hilfe des Himmels rechnen, dass er ihn auch gehen könne. Glaubt man das, wird man mit der biblischen und reformatorischen Lehre von der Ausschließlichkeit der Gnade nichts anfangen können. Der Deutsche Leo Baeck (1873–1956) war im 20. Jahrhundert einer der prominentesten und bekanntesten jüdischen Gelehrten und ein Repräsentant des liberalen Judentums. In seinem Buch *Das Wesen des Judentums* schreibt er Folgendes:

„In dem wollenden Glauben an das Gute besteht der Optimismus des Judentums. Es ist der Glaube an Gott

46

und der daraus folgende Glaube an den Menschen, an Gott, durch den das Gute seine Wirklichkeit hat, und an den Menschen, der das Gute zu verwirklichen vermag. Alle Ideen des Judentums lassen sich hierauf zurückführen."

Judentum und Katholizismus haben die gleiche Auffassung von der Gnade. Sie sehen in ihr die Hilfe, die Gott freundlicherweise dem gewährt, der sich aufrichtig bemüht. Sie haben beide auch kein Verständnis für die Notwendigkeit des einen umfassenden Opfers des Leibes Jesu Christi, das erstens den radikalen und totalen Bankrott des Menschen deklariert und zweitens zugleich zeigt, dass die Errettung vollständig das Werk Gottes ist. Die Katholiken treten den Wert dieses Opfers durch das täglich wiederholte Messopfer mit Füßen, während die Juden dieses Opfer gänzlich verwerfen. Während die Katholiken mit ihrem täglichen Opfer dessen Wert auf Null reduzieren, haben die Juden gar kein Opfer.

Das Kommen des Messias

Maimonides, der bereits erwähnte Mose ben Maimon, hat als 12. Glaubenssatz formuliert:

„Ich glaube an das Erscheinen des Messias, und wenn er auch säumt, so harre ich trotzdem täglich seiner Ankunft."

Dann gibt es das bekannte Achtzehn-Bitten-Gebet, eines der bekanntesten und am häufigsten in jüdischen Gottesdiensten gesprochenen Gebete. Die 15. Bitte im *Schmone Esre* lautet:

„Den Sprössling deines Knechtes David lass rasch empor sprießen, sein Horn erhöhe durch deine Hilfe, denn auf deine Hilfe hoffen wir den ganzen Tag. Gelobt seiest du, Ewiger, der das Horn der Hilfe empor sprießen lässt!"

Man fragt sich, wozu der Mensch einen Messias braucht, wenn das oben gezeichnete Menschenbild stimmt. Nach rabbinischer Auffassung braucht Israel den Messias nicht, damit der Einzelne von seinem eigenen Bösen befreit werde, sondern nur, damit das Volk von den bösen Menschen, die es umgebenden, befreit werde; darauf läuft alles hinaus. Der Messias muss kommen, um mit den lästigen Feinden abzurechnen. Das ist also eine ganz andere Sicht vom Messias als die christliche, denn nach dieser brauchen wir als Sünder den Messias, damit er uns von unserem eigenen Bösen befreie, letztlich von uns selbst. Es ist eben nicht so, wie der Sünder denkt und Jean Paul Sartre einmal sagte: „Die Hölle, das sind die anderen."

Im *Siddur*, einer Sammlung jüdischer Gebete, heißt es:

„Er schickt am Ende der Tage unseren Gesalbten, zu erlösen, die auf das Endziel der Erlösung harren."

Unter Erlösung verstand man schon zur Zeit Jesu eine nationale politische Befreiung von fremden Bedrückern. Die Messiaserwartung wurde unter den Juden traditionell immer wieder in Zeiten großer Bedrückung wach. In Verbindung damit haben sie einige Enttäuschungen hinter sich. Ein erster falscher Messias, den fast alle damals lebenden Juden als den Messias ansahen, war Simon Bar Kochba (135 n. Chr.); er führte die Juden, die ihm folgten, in die totale Katastrophe. Seit seinem fehlgeschlagenen Aufstand gegen die Römer wurde den Juden das Betreten Israels und der Stadt Jerusalem verboten. Die Stadt wurde umbenannt und bekam den heidnischen Namen *Aelia capitulina*.

Im 17. Jahrhundert stand ein Messias auf, der eine große Anhängerschaft hatte: Sabbatai Zwi (1666); aber auch das war eine totale Pleite: Er bekehrte sich schließlich zum Islam. Diese und ähnliche Enttäuschungen führten dazu, dass man weniger nach einem Helden und Kämpfer Ausschau hält, sondern mehr betont, dass der Messias dann kommen wird, wenn das Volk nach der Thora lebt:

> „Wenn Israel nur einen einzigen Sabbat genau nach den Vorschriften beachtet, dann wird der Messias kommen"

Es hat sich im Lauf der Zeit eine Lehre entwickelt, die besagt, dass es zwei Messiasse geben wird. Die Ursache dafür war, dass man bald merkte, dass es einerseits messianische Weissagungen gibt, die von einem mächtigen und siegreichen Messias sprechen, und dass es andererseits messianische Weissagungen gibt, die von einem sanftmütigen und menschennahen Messias sprechen, z. B. in Daniel 7,13.14: „Ich schaute in Gesichten der Nacht: Und siehe, mit den Wolken des Himmels kam einer wie eines Menschen Sohn; und er kam zu dem Alten an Tagen und wurde vor ihn gebracht. Und ihm wurde Herrschaft und Herrlichkeit und Königtum gegeben, und alle Völker, Völkerschaften und Sprachen dienten ihm; seine Herrschaft ist eine ewige Herrschaft, die nicht vergehen wird, und sein Königtum ein solches, das nie zerstört werden wird." Das ist der Messias im Charakter Davids.

49

Aber auch in Sacharja 9,9 haben die Juden stets den Messias gesehen: „Frohlocke laut, Tochter Zion; jauchze Tochter Jerusalem! Siehe, dein König wird zu dir kommen: Gerecht und ein Retter ist er, demütig und auf einem Esel reitend, und zwar auf einem Füllen, einem Jungen der Eselin". Das ist ein ganz anderes Bild vom Messias.

So wurde die Lehre von zwei Messiasgestalten entwickelt, die beide in der Endzeit kurz nacheinander auftreten werden. Zuerst kommt er demütig, eben wie Er in Sacharja 9,9 beschrieben wird, und das ist der *Messias Ben Joseph*, ein Sohn Josephs. Er wird im Kampf mit den Widersachern Israels umkommen. Aber dadurch wird er dem Messias *Ben David* Bahn bereiten; und dann kommt der Messias Ben David als ein glorreicher Sieger, Feldherr und Herrscher, so wie Daniel ihn schaute.

Viele haben die Messiasidee auf den Staat Israel übertragen und in ihm den Keim des anbrechenden messianischen Zeitalters gesehen. Das Kommen des Messias und seines Reiches wird demnach mehr die Verwirklichung politischer und philosophischer Ideale der Gleichheit, Brüderlichkeit und Freiheit sein.

9. Rituale und Feste

Kurz noch ein paar Anmerkungen über die religiöse Praxis des Judentums. Wichtige Rituale sind die Beschneidung, der Bar Mitzwa (ähnlich der evangelischen Konfirmation), die „drei Zeichen" und die Reinheitsvorschriften Kaschrut. Wichtige Feste sind das Passah, das Wochenfest, Neujahr, Sukkot, Chanukka und Purim.

Beschneidung

Nach der an Abraham gegebenen Vorschrift (1Mo 17) werden alle jüdischen Knaben am achten Tag nach ihrer Geburt beschnitten.

Bar Mitzwa

Bar Mitzwa bedeutet: „Sohn des Gebotes". In einer besonderen Feier wird der 13-jährige Knabe als mündiges Glied in die Glaubensgemeinschaft aufgenommen. Die Mischna erklärt nämlich, dass der 13-Jährige „für die Gebote befähigt" ist und daher am öffentlichen religiösen Leben teilnimmt. Er legt nun zum ersten Mal die Tefillin an und wird beim Minjan – Mindestzahl von 10 Männern, die zum Abhalten des Gottesdienstes in der Synagoge anwesend sein müssen – mitgezählt. Mit 12 Jahren wird das Mädchen zur Bat Mitzwa, zur „Tochter des Gebotes". Die entsprechende Feier für Mädchen wurde erst im 19. Jahrhundert innerhalb des Reformjudentums eingeführt und wird nur dort begangen.

Die „drei Zeichen"

Damit sind gemeint

- Die Mesusa, das Zeichen an der Tür (5Mo 6,9)
- Die Tefillin, das Zeichen an Stirn und Arm (5Mo 6,8)
- Die Zizith, das Zeichen an der Kleidung (4Mo 15,38–40)

Kaschrut

Die Vorschriften der rituellen Reinheit (*Kaschrut* von *koscher* = rein). Kaschrut bezieht sich auf:

51

- die vorschriftgemäße Herstellung und Unverletztheit von Thorarollen, Tefillin und Mesusa und die korrekte Konstruktion der Mikwe, des Ritualbades
- die Gültigkeit und Fähigkeit von Zeugen entsprechend dem rabbinischen Recht
- die jüdischen Speisegesetzte (reine und unreine Tiere; Verzehr von nur nach der rituellen Vorschrift geschlachteten Tieren; Trennung von milchigen und fleischigen Speisen)

Der Festkalender

Seit den Tagen Jesu hat sich der jüdische Festkalender nicht geändert. Folgende Feiern werden im Lauf des Jahres begangen:

- Passah, 14. Nisan (März - April)
- Wochenfest, 7. Siwan (Mai - Juni)
- Fasten für Tempelzerstörung, 9. Ab (Juli - August)
- Neujahr, 1. Tischri (September - Oktober)
- Versöhnungstag, 10. Tischri
- Sukkot (Laubhütten; Erntefest), 15.–22. Tischri
- Chanukka (Tempelweihe), 25. Kislew (November - Dezember)
- Purim, 14. und 15. Adar (Februar - März)

10. Ein Blick in die Zukunft

Wir wollen nun mit einem Blick in die Zukunft des Judentums schließen. Wir haben ja mit den Juden vieles gemeinsam, und darum haben wir auch viele Sympathien

52

für die Juden. Wir fühlen mit ihnen, ganz anders als mit den Angehörigen anderer Weltreligionen. Zu den anderen Weltreligionen wie dem Islam, dem Hinduismus, dem Buddhismus usw. besteht eine unendliche Kluft. Mit ihnen verbindet uns nichts. Aber mit den Juden verbindet uns sehr viel. Wir teilen mit ihnen den Glauben an das Alte Testament. Es ist für die Juden wie für uns das Wort Gottes. Außerdem verdanken wir den Juden sehr viel. Im Neuen Testament heißt es wiederholt, dass die Heiden Schuldner der Juden sind, denn sie verdanken den Juden die Bibel und den Christus: „Das Heil ist aus den Juden" (Joh 4,22). Wenn die Nationen der geistlichen Güter der Juden teilhaftig geworden sind, so sind sie schuldig, ihnen auch in den leiblichen zu dienen (Röm 15,27).

Deshalb wollen wir mit einem Ausblick auf die Verheißungen schließen, die den Juden, die auf das Kommen des Messias warten, gegeben sind. Sie warten nicht umsonst; der Messias wird kommen. Das wird zwar anders geschehen, als sie sich das denken, aber ich erinnere an Römer 11, wo Paulus sehr ausführlich und gründlich argumentiert, warum die von der Christenheit meistens vertretene Sicht ganz falsch ist, die besagt, Gott habe die Juden auf immer verworfen, weil diese Christus verworfen hätten:

„Ich sage nun: Hat Gott etwa sein Volk verstoßen? Das sei ferne! Denn auch ich bin ein Israelit aus dem Samen Abrahams, vom Stamm Benjamin" (Röm 11,1). Weiterhin spricht Paulus davon, wie die Heiden, die zum Glauben gekommen sind, nichts anderes sind als die Zweige eines Baumes, der Wurzeln hat. Die Wurzel, die sie trägt, sind die Väter der Juden.

Dann spricht Paulus davon, dass die Juden sich noch bekehren werden: „Denn ich will nicht Brüder, dass euch dieses Geheimnis unbekannt sei, damit ihr nicht euch selbst für klug haltet: dass Verhärtung Israel zum Teil widerfahren ist, bis die Vollzahl der Nationen eingegangen ist; und so wird ganz Israel errettet werden, wie geschrieben steht: ‚Aus Zion wird der Erretter kommen, er wird die Gottlosigkeiten von Jakob abwenden ...‘ Denn die Gnadengaben und die Berufung Gottes sind unbereubar" (Röm 11,25.26.29). Dieses Volk hat eine Zukunft, und der Tag wird kommen, an dem sie den anschauen werden, den sie durchstochen haben. Sie werden um seinetwillen wehklagen; und diese Wehklage wird gleichzeitig ihre Errettung sein:

„Ich werde über das Haus Davids und über die Bewohner von Jerusalem den Geist der Gnade und des Flehens ausgießen; und sie werden auf mich blicken, den sie durchbohrt haben, und werden über ihn wehklagen wie die Wehklage über den einzigen Sohn und bitterlich über ihn Leid tragen, wie man bitterlich über den Erstgeborenen Leid trägt" (Sach 12,10).

Der Geist Gottes wird ihnen dann die Augen öffnen. Der hier Sprechende ist Jahwe. Er sagt: „... sie werden auf mich blicken, den sie durchbohrt haben" Dann werden sie auch begreifen:

> *Jesus von Nazareth war unser Gott,*
> *der Gott Israels in Menschengestalt.*

Europa mit und ohne Bibel

Bei dem Thema „Europa mit und ohne Bibel" geht es darum, wie die Bibel die ganze Kultur und die Geschichte Europas geprägt hat. Ich möchte einen Vers aus dem Alten Testament voranstellen: „Gerechtigkeit erhöht eine Nation, aber Sünde ist die Schande der Völker" (Spr 14,34). Luther hat übersetzt: „Sünde ist der Leute Verderben." Sünde bringt Verderben und Schande mit sich, Gerechtigkeit dagegen erhöht eine Nation, und das lässt sich an der Geschichte Europas sehr deutlich zeigen. Die Bedeutung der Bibel für die Geschichte und Kultur Europas ist unleugbar. Ohne dieses Buch wäre Europa nie geworden, was es war, und es wäre heute nicht, *wie* es ist.

Ich will versuchen, einige Leitlinien dieser Wechselbeziehungen zu zeigen. Dabei müssen wir uns stets vor Augen halten, dass die vielen Beziehungen, das ganze Geflecht von Beziehungen zwischen der Bibel und der Kultur, natürlich zu komplex sind, als dass wir auf alle Aspekte eingehen könnten.

1. Die Sternstunde Europas

Ich beginne mit einer Überschrift, die ich bei Pfarrer Wilhelm Busch geborgt habe. „Die Sternstunde Europas". Wilhelm Busch hat einmal eine Predigt über Apostelgeschichte 16,6-12 gehalten und die Predigt unter diese Überschrift gestellt. Er sagte, Europas große Stunde kam, als der Apostel Paulus durch Gottes Geist daran gehindert wurde, ferner in Asien zu bleiben, obwohl er bleiben wollte, und nach Europa geführt wurde. Damit fand eine Lehre den Weg nach Europa, die später ganz Europa veränderte.

Innerhalb einer Generation wurde das ganze Römische Reich vom Evangelium durchsetzt. Tausende örtlicher Christengemeinden entstanden. Nach zwei bis drei Jahrhunderten hatte das Christentum das antike Heidentum vollkommen verdrängt. Das Erstaunliche ist, dass eine solche Botschaft, wie die Apostel sie predigten und wie das Neue Testament sie enthält, überhaupt solch eine Verbreitung finden konnte. Warum ist das erstaunlich? Weil die Botschaft des Evangeliums damals wie heute allem natürlichen Wünschen und Urteilen des Menschen ein Ärgernis ist, es ist ihm anstößig.

Das Ärgernis des Evangeliums

Nachstehende Punkte zeigen, wie das Evangelium damals ein Ärgernis war und es noch heute ist:

* Der Glaube an einen jenseitigen Gott
* Der Glaube an die Schöpfung

56

- Die totale Verdorbenheit des Menschen
- Die Errettung allein durch Gnade
- Die Menschwerdung Gottes in Christus
- Die leibliche Auferstehung
- Das kommende Gericht
- Die ewige Verdammnis
- Die Ausschließlichkeit der biblischen Botschaft

Manche behaupten, man hätte dem Christentum in der Antike und im Mittelalter noch glauben können, aber dem aufgeklärten und modernen Menschen könne man das nicht zumuten. So zu reden, ist Unwissenheit. Das Evangelium war dem antiken Menschen genauso unzumutbar. Es ging 180 Grad gegen das Lebensgefühl der Griechen und der Römer.

- Das Evangelium verkündigt *einen jenseitigen Gott*, also einen Gott, der dieser Welt nicht gleich, sondern von ihr geschieden und über ihr ist. Das ging gegen römisches und griechisches philosophisches Denken. Die Griechen waren nämlich ganz modern, denn sie glaubten an das ewige Bestehen der Materie, mithin weder an die Schöpfung noch an einen Schöpfer.

- Die *totale Verdorbenheit des Menschen*, dass der Mensch also nicht nur Böses tut und Böses getan hat und nicht nur eine böse Neigung hat, sondern dass er in seiner ganzen Natur böse ist und laufend nur Böses produziert. Dem Griechen hingegen war der Mensch das Maß aller Dinge.

- Die *Errettung allein durch Gnade*, d. h. dass ein Mensch vollständig durch das Handeln und Eingreifen Gottes, ohne menschliche Leistung, errettet wird.

- Die *Menschwerdung Gottes in Christus*. Die Griechen hatten zwar Vorstellungen von verschiedenen Menschenerscheinungen ihrer Götter, doch dass Gott Mensch werden sollte, nahmen sie erstens gar nicht ernst, und zweitens ist das nicht damit zu vergleichen, was die Apostel predigten: Der unsichtbare, ewige, allmächtige Gott wurde Mensch und lebte unter uns.

- *Die leibliche Auferstehung*. Die Tatsache, dass der Mensch sterben und sein Leib später auferstehen sollte, war den antiken Menschen genau so lächerlich wie den heutigen Menschen.

- Das *kommende Gericht*, die *ewige Verdammnis* und die *Ausschließlichkeit der biblischen Botschaft* erregten damals genauso wie heute Widerspruch.

Ich zitiere dazu aus einem Kommentar zur Apostelgeschichte, *True to the Faith* von David Gooding. Gooding ist kein Theologe, sondern Altphilologe. Er hat zwei oder drei Kommentare zu biblischen Büchern geschrieben, so auch zur Apostelgeschichte. Er schreibt hier Folgendes über die Predigt des Paulus in Athen, der geistigen und kulturellen Metropole des Griechentums:

> „Die Epikuräer, an die sich Paulus in Athen wandte (Apg 17,18), glaubten, dass die Welt aus Atomen aufgebaut sei, und sie vertraten eine Theorie der Evolution. Sie glaubten an die Existenz von Göttern, aber sie glaubten, dass die Götter nie in das Weltgeschehen eingegriffen hätten noch je eingreifen würden. Ihre wissenschaftliche Theorie lehrte sie, dass sowohl der menschliche Leib als auch die menschliche Seele sich

aus Atomen zusammensetzt. Beim Tod zerstieben die Atome der Seele wie des Körpers. Die Seele zerfällt unmittelbar, der Körper später. Nichts überlebt, außer den einzelnen Atomen. Sie lehnten daher aus wissenschaftlichen Gründen die Möglichkeit der Auferstehung ab. Paulus predigte ihnen natürlich trotzdem die Auferstehung Christi (17,31).

Die meisten gewöhnlichen Griechen glaubten an ein Weiterleben der Seele nach dem Tod, das hatte sie Plato, wenn nicht schon Homer, gelehrt. Aber niemand von ihnen glaubte an die Auferstehung des Leibes. Ihr großer klassischer Dichter Aischylos hatte gesagt, dass es so etwas ganz einfach nicht gibt. Als ihnen daher Paulus die leibliche Auferstehung des Christus verkündigte, lachten sie ihn aus (17,30–32).

... In populärer Form waren Vorstellungen der Seelenwanderung, des Fegefeuers und der Reinkarnation aus dem Hinduismus durch die Pytagoräer und Plato in die griechische Religion eingedrungen."

2. Der Siegeslauf des Evangeliums

Wir merken, dass die Menschen im 1. Jahrhundert gar nicht so viel anders dachten, fühlten, empfanden und urteilten als heutige Schweizer und Deutsche. Trotzdem setzte sich das Evangelium durch, und das lässt sich nur dadurch erklären, dass das Evangelium die Kraft Gottes ist. Die Kraft Gottes überwindet den Menschen, sodass er mit einem Mal anfängt, Dinge zu glauben, die er vorher gar nicht glauben wollte. Das Evangelium wurde unter

Kaiser Konstantin zunächst im frühen 4. Jahrhundert zur „Religio licita", zur erlaubten Religion, und später zur alleinigen Religion des Römischen Reiches. Nach dem Untergang des Römischen Reiches war die christliche Kirche die Vermittlerin der antiken Kultur und wurde zur Lehrerin des heranwachsenden Europa. Die Klöster waren die Zentren der Bildung und Kultur, der Lehre und Gelehrsamkeit. Der Bodenseeraum, wo ich wohne, war eines der europäischen Kulturzentren, z. B. das Kloster St. Gallen und das Kloster Reichenau.

Einen eindrucksvollen Beleg für die zivilisierende Kraft des Evangeliums bilden die nordeuropäischen Regionen, die zuletzt christianisiert wurden, um das Jahr 1000 herum. Nachdem die heidnischen Nordmänner während zweier Jahrhunderte der Schrecken des ganzen christlichen Europa gewesen waren und man sich ihrer auf keine Art zu erwehren wusste, erwies sich das Evangelium als die einzige Kraft, die sie zu bändigen vermochte. *Ansgar*, der Apostel des Nordens, trug das Evangelium nach Dänemark, Norwegen und Schweden; und siehe da: Die wilden Wikinger wurden zahm und ließen von ihren Raubzügen ab.

3. Die Degenerierung der christlichen Botschaft

Eine Botschaft, die eine für menschliches Urteilen anstößige Lehre enthält, konnte sich nicht halten. Äußerlich blieb Europa zwar christlich, die Kirchen beherrschten Leben und Kultur der europäischen Völker, aber die Lehre der Kirche hatte eine ähnliche Entwicklung durchgemacht wie über tausend Jahre davor das Judentum: Traditionen hatten sich über die Bibel gelagert und das Bibelwort zugedeckt.

Schon im hohen Mittelalter war die Korruptheit der kirchlichen Führer handgreiflich und in aller Mund; die Christenheit versank in Götzendienst und Aberglauben. Der Keim der Degenerierung lag in der unseligsten Ehe, die je unter dem Himmel geschlossen worden ist: in der Ehe zwischen Thron und Altar. Das Reich Christi und die Reiche der Welt lassen sich nicht miteinander verbinden, wie wir aus dem Mund des Nazareners, des Königs des Reiches Christi, vernehmen: „Jesus antwortete: Mein Reich ist nicht von dieser Welt; wenn mein Reich von dieser Welt wäre, hätten meine Diener gekämpft, damit ich den Juden nicht überliefert würde; jetzt aber ist mein Reich nicht von hier" (Joh 18,36).

4. Europas Stunde der Scheidung

Der Gott, der im 1. Jahrhundert Europa das Evangelium geschenkt hatte, schenkte der degenerierten Christenheit auch die Reformation. Ich nenne das die „Stunde der Scheidung". Die Reformation hat in Europa scheidend gewirkt, nur halb Europa nahm die Reformation an. Die Auswirkungen der Reformation lassen besonders deutlich erkennen, welche Auswirkungen die biblische Botschaft auf das Leben und die Kultur eines ganzen Volkes hat. Man kann nach der Reformation die katholisch gebliebenen und die protestantischen Nationen miteinander vergleichen und stellt sehr große Unterschiede fest.

4.1. Die Reformation – eine Bibelbewegung

Wir sollten dabei bedenken, dass die Reformation eine Bibelbewegung war. Die Hauptreformatoren waren außer

61

Johannes Calvin alle Bibelübersetzer. Das ist kein Zufall, und so lautete ja die erste Maxime der Reformation: „allein die Schrift". Mit diesem Wort stand Luther auf dem Reichstag zu Worms und berief sich auf die Schrift und die Schrift allein: Von der Schrift lasse er sich überführen, wenn er irren sollte, aber von der Schrift allein; von keiner Tradition, von keinem Papst, sondern allein von der Schrift: „Mein Gewissen ist gefangen im Wort Gottes", sagte er.

Ich habe hier ein schönes Zitat vom englischen Reformator William Tyndale, der auch Bibelübersetzer war. Als man ihm drohte, dass man ihn diese Arbeit nicht würde machen lassen, denn es sei verboten, die Bibel zu übersetzen, antwortete er einem römischen Prälaten:

> „Ich trotze dem Papst und allen seinen Gesetzen. Wenn Gott mir das Leben erhält, so werde ich dafür sorgen, dass in wenigen Jahren ein Junge, der hinter dem Pflug herläuft, die Bibel besser kennt als du."

So ist es tatsächlich geschehen. Durch die Bibelübersetzung William Tyndales wurde der Grund zur King James Bibel gelegt, die zur Bibel des englischen Volkes wurde, zum meistgelesenen Buch aller Englisch sprechenden Menschen während einiger Jahrhunderte.

Auch Luther und Zwingli, Olaus Petri (in Schweden) und Mikael Agricola (in Finnland) waren Bibelübersetzer, und das zeigt uns, dass den Reformatoren dies wichtiger war als alles andere. Die Bibel sollte als das Wort Gottes gelesen werden, das Gewissen der Menschen bestimmen und sie vor Gott stellen. Das hatten die Reformatoren selbst erlebt, das war es, was sie wollten, und das hat die Reformation bewirkt.

Der Einfluss der Bibel auf die ganze Kultur Europas, besonders auf die Kultur der protestantischen Nationen, ist eigentlich von allen anerkannt worden, die ein wenig nachgedacht haben und Bescheid wussten. Ich zitiere dazu zwei Männer, die bestimmt keine Christen in unserem Sinn waren. Sie waren zwar evangelisch, Heinrich Heine war zudem Jude, aber seine Eltern konvertierten zum evangelischem Christentum, und Thomas Mann. Zuerst Heine:

„Die Bibelübersetzung Martin Luthers war die große Streitaxt der Reformation, womit sie der ultramontanen Wölfin die Zähne einschlug."

Das war tatsächlich so. Sie war die Axt, mit der Martin Luther die Kette entzweischlug, die Deutschland an den Papst, an Rom band.

Nun Thomas Mann, in einer Rede über Deutschland und die Deutschen im Jahr 1945, also unmittelbar nach der großen Katastrophe des Nationalsozialismus. Thomas Mann hatte die Zeit des Dritten Reiches in Nordamerika verbracht von dort aus die ganze Entwicklung in Deutschland verfolgt. Er und viele andere in Deutschland stellten fest: Wir müssen zu unseren eigentlichen Grundlagen zurück. So hat er sich auch zur Bibel geäußert:

„Martin Luther hat durch seine Bibelübersetzung, durch die Erneuerung des Gewissens, der Freiheit und der Forschung, der Kritik und der philosophischen

Spekulation gewaltigen Vorschub geleistet. Indem er die Unmittelbarkeit des Verhältnisses des Menschen zu Gott herstellte, hat er die europäische Demokratie gefördert."

Wir würden nicht alles so ausdrücken wie der fein- und schöngeistige Mann, aber etwas hat er klar gesehen und erkannt: Die Bibelübersetzung und das Lesen der Bibel stellt die Unmittelbarkeit des Verhältnisses des Menschen zu Gott her. Das war die große Wirkung der Reformation, und genau das will die Bibel; ich hoffe, dass auch wir das wollen. Wir wollen keine Priesterherrschaft, wir wollen keine Priesterkaste, die den Menschen in Unmündigkeit hält und über sein Gewissen herrscht. Wir wollen auch keine Kaste von Ökonomen, die heute mehr oder weniger die Priester sind, die über alle herrschen wollen. Sondern wir wollen wirklich vor Gott leben, unser Gewissen soll an Gott gebunden sein. Das geschieht dadurch, dass der Einzelne die Bibel, das Wort Gottes, liest und nach diesem Buch lebt.

Das also war die große Stunde der Scheidung, die Gott gab. Man konnte innerhalb von ein, zwei Generationen schon feststellen, wie die Länder, die die Reformation annahmen – also einige deutsche Fürstentümer, der größere Teil der Eidgenossenschaft, die Niederlande und England, Teile Ungarns und des Baltikums sowie ganz Skandinavien, Dänemark, Norwegen, Schweden, Finnland –, ein neues Gepräge bekamen.

Die Reformation schlug auch einer anderen Bewegung direkt ins Gesicht, also nicht nur dem verdorbenen, korrumpierten Evangelium der römisch-katholischen Kirche, sondern auch der Botschaft der Renaissance und des Humanismus. Die Renaissance war etwas früher entstanden und hatte bereits sehr starken Einfluss in Europa gewonnen. Doch dann kam die Reformation, die überhaupt nicht anstrebte, was die Renaissance und der Humanismus wollten. Die Renaissance war eigentlich die Wiedergeburt des Menschen zur Mitte der Welt – nicht etwa zur antiken Kultur –, und wenn sie es war, dann nur deshalb, weil in der vorchristlichen Antike der Mensch die Mitte der Welt war. Die Reformation war nicht, wie später einige dachten, einfach eine Befreiungsbewegung vom römischen Joch, damit man fortan als autonomer Mensch oder als autonome Kirche sich selbst Gesetz sei, sondern es war vor allem eine Bewegung, bei der man sich ganz bewusst an Gottes Wort band. So brachte die Reformation nicht den autonomen Menschen hervor, sondern er blieb heteronom, d. h. an etwas oder an jemanden außerhalb von ihm gebunden. Der mittelalterliche Mensch war heteronom, aber seine Bindung war nicht an die Bibel, sondern an die Kirche und ihre Lehren. Der protestantische Mensch ist ebenfalls heteronom, aber er ist nicht gebunden an die Kirche, die Priester oder die Theologen, sondern an Gott und an sein Wort. Das ist die wahre, die einzige echte Mündigkeit des Menschen. Diese hatte Auswirkungen auf das gesellschaftliche Leben, auf das Wirtschaftsleben und auf das soziale Zusammenleben der Menschen.

4.2. Die Botschaft der Reformation

Die Reformatoren verkündeten wieder mit Kraft die Botschaft, die die Apostel verkündigt hatten. Sie argumentierten allein mit dem geschriebenen Wort Gottes; sie verkündeten die Unumschränktheit Gottes und den Zustand

65

der totalen Verdorbenheit des Menschen. Daraus zogen sie den einzig richtigen biblischen Schluss: Die Errettung des ganz der Sünde verfallenen Menschen muss vollständig das Werk Gottes sein. Wir verstehen, warum die drei großen Schlagworte der Reformation lauten mussten:

- *Sola Scriptura*: Allein die Schrift
- *Sola Gratia*: Allein durch Gnade
- *Sola Fide*: Allein durch Glauben

Was vielen nicht bewusst ist, weil es nicht in den Schulbüchern steht: Diese drei Maximen waren sowohl eine Kampfansage an die Renaissance als auch an die Religion der römischen Kirche. Nicht der menschliche Geist, sondern Gottes Geist, d. h. das durch diesen Geist inspirierte Wort Gottes, kann den Menschen lehren, was sein Platz, seine Aufgabe und sein Sinn in der Welt ist. Nicht menschliches Vermögen, sondern allein Gottes Handeln kann den Menschen zum wahren Menschen machen. Die „Renaissance" (zu Deutsch: Wiedergeburt) geschieht nicht dadurch, dass der Mensch sich darauf besinnt, wer er ist und was er kann, sondern geschieht durch Gottes Eingreifen in das Innerste des Menschen. Keine menschliche Leistung, sondern allein das Vertrauen auf das, was der Sohn Gottes geleistet hat, kann den Menschen zu einer neuen Geburt bringen.

4.3. Auswirkungen der Reformation auf das gesellschaftliche Leben

Diese Wahrheiten veränderten jene Menschen und jene Gesellschaften, die sie aufnahmen. Der Unterschied zwischen den Ländern der Reformation und den Ländern, die unter dem Joch der römischen Kirche blieben, war offensichtlich. So schrieb der deutsche Sozialökonom und Wirtschaftshistoriker Max Weber (1864–1920) in seinem bis heute immer wieder neu aufgelegten Standardwerk *Die protestantische Ethik und der Geist des Kapitalismus:*

> „Es hat vielleicht nie eine intensivere Form religiöser Schätzung des sittlichen Handelns gegeben, als die, welche der Calvinismus in seinen Anhängern erzeugte."

Der französische Staatsdenker *Montesqieu* lebte von 1689–1755, also in der Zeit, als man in Frankreich die Hugenotten endgültig unterdrückt und vertrieben hatte. Er bereiste verschiedene Länder Europas und studierte ihre Verfassungen, um die Ergebnisse seiner Untersuchungen im Buch *Esprit des Lois* (*Vom Geist der Gesetze*) zusammenzufassen. Im Buch XX, Kap. 7, schreibt er von den Engländern:

> „... in drei wichtigen Dingen von allen Völkern der Erde am weitesten gebracht: in der Frömmigkeit, im Handel und in der Freiheit."

Montesqieu bemerkte also, wie die Engländer in ihrer protestantischen Frömmigkeit ein bibellesendes Volk waren, wie er es in Frankreich nicht kannte. Gleichzeitig hatten es die Engländer in der Freiheit am weitesten gebracht. Freiheit konnte offensichtlich dort gedeihen, wo protestantischer Glaube regierte. Katholischer Glaube heißt hingegen immer Priesterherrschaft. Der Katholik ist in allem vom Priester abhängig, und das nicht nur bei der Beichte; außerdem durfte man als katholischer Mensch auch nicht die Bibel lesen. Das blieb bis zum 2. Vatikanischen Konzil in den 60iger Jahren des 20. Jahrhunderts so. Die Bibel war für Katholiken ein verbotenes Buch, das nur die Priester lesen durften.

Tatsächlich konnte man mit Montesquieu feststellen, dass die Länder, die die Reformation annahmen, bald viel größere bürgerliche und politische Freiheiten bekamen als die Länder, die katholisch blieben. Man stellte auch sehr bald fest, dass die Länder der Reformation wirtschaftlich einen Aufschwung nahmen. Das hätten wir eigentlich nicht erwartet, denn das Evangelium ist ja nicht eine Anleitung zum Reichwerden, und doch es ist so, wie der Sohn Gottes sagte: „Trachtet ... zuerst nach dem Reich Gottes und nach seiner Gerechtigkeit, und dies alles wird euch hinzugefügt werden" (Mt 6,33; Lk 12,31). Wer Gott sucht, Ihn fürchtet und so lebt, wie Gott es will, dem werden diese Dinge hinzugefügt. Das geschieht als Folge des Glaubens und der Gottesfurcht.

4.4. Das Evangelium und politische Mündigkeit

Dazu einleitend ein Zitat von Thomas Mann aus *Deutschland und die Deutschen, 1945*:

> „Nichts gegen die Größe Martin Luthers! Er hat nicht nur durch seine gewaltige Bibelübersetzung die deutsche Sprache erst recht geschaffen, die Goethe und Nietzsche dann zur Vollendung führten, er hat auch durch die Sprengung der scholastischen Fesseln und die Erneuerung des Gewissens der Freiheit und der Forschung, der Kritik, der philosophischen Speku-

lation gewaltigen Vorschub geleistet. Indem er die Unmittelbarkeit des Verhältnisses des Menschen zu seinem Gott herstellte, hat er die europäische Demokratie befördert, denn ‚jedermann sein eigener Priester', das ist Demokratie. Die deutsche idealistische Philosophie, die Verfeinerung der Psychologie durch die pietistische Gewissensprüfung, endlich die Selbstüberwindung der christlichen Moral aus Moral – denn das war die Tat (oder Untat) Nietzsches –, dies alles kommt von Luther."

Montesqieu hatte bereits beobachtet, dass zwischen der „Frömmigkeit" der Engländer und ihrer Freiheitlichkeit ein Zusammenhang bestand. Ein anderer Franzose, *Alexis de Tocqueville* (1805–1859), bereiste wenige Jahrzehnte nach ihrer Gründung die Vereinigten Staaten von Amerika, die ihre Existenz bekanntlich den puritanisch dominierten Staaten Neuenglands verdanken, um sie kennen zu lernen. Puritaner hatten diese Kolonien im 17. Jahrhundert gegründet, puritanischer Glaube und Sittlichkeit hatten das Zusammenleben dominiert, im „Great Awakening", der Erweckungsbewegung jener Neuenglandstaaten in der Mitte des 18. Jahrhunderts, war noch einmal dezidiert protestantischer Glaube und damit protestantische Ethik zur entscheidenden sittlichen Kraft geworden, die das Gemeinwesen zusammenhielt. Tocqueville schrieb 1831 in seinem Buch *Demokratie in Amerika*:

„Ich habe kein Land gesehen, in dem das Christentum [d. h. das calvinistische Christentum, B.P.] dem Verstand eindeutigere, einfachere oder allgemeiner vertretene Ansichten präsentiert. Indem es alle demokratischen Tendenzen respektierte, welche nicht absolut

69

gegen das Christentum gerichtet waren, wurde es zu einem Verbündeten des Geistes individueller Abhängigkeit."

Es soll niemand behaupten, dass die Demokratie eine biblische Einrichtung sei. Der Christ glaubt nicht an Demokratie, und ich sage das jetzt als jemand, der fast ein Schweizer ist. Für die Schweizer ist die Rütliwiese fast soviel wie für die Juden der Berg Sinai. Sie glauben fast, dass Demokratie eine Offenbarung Gottes sei, im Jahr 1291 den Eidgenossen gegeben. Doch die Demokratie ist durchaus keine biblische Einrichtung. Wir können aber ganz sicher sagen, dass erst dort, wo biblische Sittlichkeit und biblisch geprägte Moral die Mehrheit prägt, Demokratie möglich ist. So ist es auch kein Zufall, dass es die Länder der Reformation waren, die zuerst zu bürgerlichen Freiheiten kamen. In England kam es zur konstitutionellen Monarchie, sodass das Parlament den König in Schranken hielt. Das war zu der Zeit in Frankreich undenkbar.

Die zweite Musterdemokratie nach den Vereinigten Staaten wurde die Schweiz, die nicht zufällig das Land mit zwei großen Zentren der Reformation – Zürich und Genf – war und die eine starke, die Eidgenossenschaft eindeutig dominierende protestantische Ethik hatte. Die Katholiken fühlten sich bei der Gründung der modernen Eidgenossenschaft mit der Bundesverfassung von 1848 in der Schweiz als ins Abseits gedrängte Minderheit. Hätte katholisches Denken und sittliches Urteilen dominiert, wäre die Schweiz nie zur modernen Schweiz geworden. Im Jahr 1848 wurde die schweizerische Eidgenossenschaft in ihrer jetzigen Form konstituiert. Damals wurde in allen Kantonen über die Bundesverfassung abgestimmt, und

70

es ist sehr bemerkenswert, wie die Abstimmung ausfiel: Die Kantone, die mit einer deutlichen Mehrheit die Bundesverfassung annahmen, waren alle protestantisch. Die katholischen Kantone waren, außer Luzern, alle dagegen. Sie wollten die alte Ordnung beibehalten, und das bedeutete, dass die römische Kirche das entscheidende Wort im bürgerlichen Leben haben sollte. So verdankt die heutige Schweiz ihre Entstehung eindeutig dem Protestantismus.

4.4. Das Evangelium und wirtschaftlicher Wohlstand

Darüber hinaus brachte das Evangelium auch wirtschaftlichen Wohlstand. Wer mit Wirtschaft, Wirtschaftsgeschichte und Gesellschaftslehre etwas zu tun hat, kennt Max Weber. Er war einer der großen Gelehrten des 20. Jahrhunderts. Sein Buch *Die protestantische Ethik und der Geist des Kapitalismus* ist die klassische wissenschaftliche Untersuchung des Zusammenhangs zwischen reformatorischem Glauben und wirtschaftlichem Aufschwung. Weber wies nach, dass ein eindeutiger Zusammenhang zwischen protestantischer Frömmigkeit und wirtschaftlichem Wachstum besteht. Es folgen einige ausgewählte Zitate aus oben genanntem Werk:

„Nun ist unverkennbar, dass schon in dem deutschen Worte ‚Beruf' ebenso wie in vielleicht noch deutlicherer Weise in dem englischen ‚calling' eine religiöse Vorstellung – die einer von Gott gestellten Aufgabe – mitklingt ... Und verfolgen wir nun das Wort geschichtlich durch die Kultursprachen hindurch, so zeigt sich zunächst, dass die lateinisch-katholischen Völker für das, was wir ‚Beruf' nennen, einen Ausdruck ähnlicher

71

Färbung ebenso wenig kennen wie das klassische Altertum, während es bei allen protestantischen Völkern existiert."

Er macht also sehr interessante Beobachtungen wie die bloße Tatsache, die uns wahrscheinlich gar nicht bewusst ist, dass wir auf deutsch „Beruf" sagen. Doch was ist ein Beruf? Auf Englisch sagte man früher, wenn man nach jemandes Beruf fragte: „What is your calling?" Darin steckt wirklich das, was wir eben aus der Bibel entnehmen, nämlich dass wir alle von Gott dazu berufen sind, unsere Aufgabe im Leben zu erfüllen, als Väter, als Mütter, als Erzieher, als Bauern, als Lehrer und als Beamte. Die Pflicht, seinen Beruf auszufüllen, ist wahrer Gottesdienst. Das hat erst die Reformation ins Bewusstsein der europäischen Völker gerückt.

Weiter schreibt Max Weber:

„... dass die sittliche Qualifizierung des weltlichen Berufsstandes eine der folgenschwersten Leistungen der Reformation war, ist in der Tat zweifellos, und sie darf nachgerade als Gemeinplatz gelten."

Wir verdanken diesem wirklich protestantischem Arbeitsethos viel mehr, als manchen bewusst ist. Luther wandte sich in seinen Schriften wiederholt gegen das Mönchstum, das eigentlich nichts anderes war als die Glorifizierung eines parasitären Daseins. Er nannte die Dominikaner und andere Bettelmönche „die rechten Filzläuse Gottes". Er hat auch die sprichwörtliche Redensart geschaffen: „Schuster, bleib bei deinen Leisten." Mit anderen Worten: „Geh nicht ins Kloster, meine nicht, du müsstest Priester werden, bleib Schuster, tu deine Arbeit, tu sie fleißig, tu sie verantwortungsbewusst, dann dienst du Gott viel besser und bist den Menschen viel nützlicher, als wenn du Priester wirst."

Das hat den protestantischen Menschen damals wirklich eingeleuchtet und hat ihr Denken fortan bestimmt. Eigentlich ist es kein Wunder mehr, dass die Reformation tatsächlich in ihren Ländern einen ungeheuren wirtschaftlichen Aufschwung brachte. Das war noch bis ins 20. Jahrhundert hinein der Fall. Durch Europa ging wirklich eine Kluft. Die Länder, die mehrheitlich protestantisch waren, waren wohlgeordnet und wohlhabend. Südeuropa war hingegen ein Armenhaus. Inzwischen haben sich die Unterschiede schon weitgehend nivelliert.

Weiter lesen wir bei Max Weber:

„Der Abscheu und die Verfolgung, welchen z. B. die methodistischen Arbeiter im 18. Jahrhundert von Seiten ihrer Arbeitsgenossen begegneten, bezog sich, wie schon die in den Berichten so oft wiederkehrende Zerstörung ihres Handwerkszeuges andeutet, keineswegs nur oder vorwiegend auf ihre religiösen Exzentrizitäten – davon hatte England viel und Auffallenderes gesehen –, sondern auf ihre spezifische ‚Arbeitswilligkeit', wie man heute sagen würde.

Die Welt ist bestimmt, der Selbstverherrlichung Gottes zu dienen, der Christ dazu da, den Ruhm Gottes in der Welt durch Vollstreckung seiner Gebote an seinem Teil zu mehren. Gott will die soziale Leistung des Christen, denn er will, dass die soziale Gestaltung

73

des Lebens seinen Geboten gemäß und so eingerichtet werde, dass sie jenem Zweck entspreche. Die soziale Arbeit des Calvinisten in dieser Welt ist lediglich Arbeit ‚in maiorem Dei gloriam'. Diesen Charakter trägt auch die Berufsarbeit, welche im Dienste des diesseitigen Lebens der Gesamtheit steht.

Aber die Arbeit ist darüber hinaus, und vor allem, von Gott vorgeschriebener Selbstzweck des Lebens überhaupt – selbst Zinzendorf sagt gelegentlich: ‚Man arbeitet nicht allein, dass man lebe, sondern man lebt um der Arbeit willen, und wenn man nichts mehr zu arbeiten hat, so leidet man oder entschläft.' Der paulinische Satz: ‚Wer nicht arbeitet, soll nicht essen', gilt bedingungslos und für jedermann. Die Arbeitsunlust ist Symptom fehlenden Gnadenstandes."

Richard Baxter, ein puritanischer Bibelausleger des 17. Jahrhunderts mit großem Einfluss, schreibt:

„Frage: Soll ich nicht alle weltlichen Geschäfte ablegen, um nur über meine Errettung zu sinnen? – Antwort: Du kannst alle übertriebenen weltlichen Sorgen abwerfen, welche dich in geistlichen Dingen unnötig hindern. Aber du darfst nie alle körperliche Anstrengung und geistige Arbeit niederlegen, in denen du dem allgemeinen Wohl dienstbar sein kannst. Jeder muss als Glied der Kirche und der Allgemeinheit sein Teil zum Wohl sowohl der Kirche als auch der Allgemeinheit beisteuern. Dies zu vernachlässigen und zu sagen: Ich werde mich stattdessen in Gebet und Kontemplation versenken, ist, als ob dein Diener seine Hauptarbeit vernachlässigen und einer angenehmeren

Arbeit nachgehen würde. Und Gott hat dir befohlen, für dein tägliches Brot zu arbeiten und nicht wie die Drohne vom Schweiß anderer zu leben."

4.5. Das Evangelium und soziales Engagement

Das Evangelium hatte auch soziales Engagement im Gefolge, obwohl das Evangelium ja gar nicht diesseitsorientiert ist, sondern uns mit Gott verbindet. Es lehrt uns Gott zu fürchten, es lehrt uns zu bedenken, dass wir sterben müssen, es lehrt uns, uns darauf vorzubereiten, vor unserem Schöpfer zu erscheinen. Trotzdem hat das Evangelium ungeheure Auswirkungen auf das Leben im Diesseits: Überall, wo es aufgenommen wurde, erleichterte und verschönerte es das Zusammenleben der Menschen, bekämpfte es Armut und Unrecht. Waisenhäuser, Krankenhäuser und Schulen wuchsen überall dort aus dem Boden, wo das Evangelium Eingang fand.

Eine der mächtigsten durch das Evangelium ausgelösten Bewegungen seit der Reformation war die so genannte „methodistische" Erweckung des 18. Jahrhunderts, die die gesamte englischsprachige Welt erfasste (England, Wales, Schottland, Irland, Nordamerika). Die beiden Träger dieser ungeheuren religiösen und sozialen Bewegung waren *George Whitefield* und *John Wesley*. Der Bahnbrecher und wichtigere der beiden war George Whitefield. Er predigte das Evangelium so, wie es die Reformatoren getan hatten. Ich zitiere aus einem Brief Whitefields an seinen Weggefährten und Mitarbeiter Wesley (zitiert in: Arnold Dallimore, *George Whitefield*, S. 407):

„Die Lehre unserer Erwählung und freien Rechtfertigung in Christus Jesus wird mir täglich eindringlicher
aufs Herz gelegt. Sie füllt meine Seele mit heiligem
Feuer und gewährt mir große Freimütigkeit und Gewissheit in Gott, meinem Heiland. Ich hoffe, dass wir
Feuer fangen voneinander, und dass wir in heiligem
Eifer darin wetteifern, wer unter uns den Menschen
am tiefsten erniedrigt und den Herrn am höchsten erhöht. Nichts als die Lehren der Reformation vermögen
das zu bewirken ... Es ist die Lehre der Erwählung, die
mich am stärksten drängt, in guten Werken überströ-
mend zu sein. Ich werde zum Leiden willig gemacht
um der Erwählten willen. Das lässt mich voller Trost
das Evangelium predigen, da ich weiß, dass die Errettung nicht vom freien Willen des Menschen abhängig
ist, sondern dass der Herr am Tage seiner Macht willig macht, und dass er mich verwenden kann, einige
Seiner Erwählten heimzurufen, wann und wo es ihm
gefällt."

4.6. Das christliche Paradox

Die Reformatoren waren von der völligen Unfähigkeit
des Menschen zum *göttlich* Guten überzeugt; so auch der
eben zitierte George Whitefield. Alles Heil und alles Wohl
des Menschen liegt am souveränen Gnadenwillen Gottes.
Sollte eine solche Ansicht den Menschen nicht zur völligen
Passivität verleiten? Erinnert das nicht in fataler Weise an
die mohammedanische Lehre vom *Kismet,* dem Schicksal?
Ist nicht der islamische Glaube an das *Kismet* (Schicksal)
die dämonische Fessel, die Millionen von Menschen in
stumpfer Resignation dahintrotten lässt? Ja, es ist so.

Jetzt aber sehen wir an einem Paulus das Gleiche, was das Leben der Reformatoren und aller großer Verkündiger ihrer Botschaft auszeichnet: Die restlose Überzeugung, dass alles an Gottes Gnade liegt, treibt den daran Glaubenden zu unermüdlichem Arbeiten an. Paulus, der größte Lehrer der göttlichen Gnadenwahl und der restlosen Unfähigkeit des Menschen zu Gutem, sagt: „Aber durch Gottes Gnade bin ich, was ich bin; und seine Gnade gegen mich ist nicht vergeblich gewesen, sondern ich habe viel mehr gearbeitet als sie alle; nicht aber ich, sondern die Gnade Gottes, die mit mir war" (1Kor 15,10). Das Empfinden dieser Gnade ließ den Apostel der Gnade das Leben an diesen Gott verlieren und im Dienst an seinen Mitmenschen verzehren.

Von Luther wie von Calvin bezeugen Freunde wie Feinde, dass sie angesichts ihrer unfassbaren Arbeitsleistung sprachlos dastehen. George Whitefield und John Wesley standen den Genannten in keiner Weise nach. Ersterer hielt in den 25 Jahren öffentlichen Wirkens, die ihm vor seinem frühen Tod beschieden waren, nach vorsichtiger Schätzung etwa 30.000 Predigten, überquerte dabei dreizehnmal den Atlantik, gründete Gemeinden, Waisenhäuser und Schulen für die Armen. Wie ist dieses scheinbare Paradox zu erklären?

Es ist so zu erklären: Der Gott, dessen Gnadenwille in der Bibel offenbart ist, ist der Gott unendlicher Liebe und Fürsorge (Mt 5,44.45). Wer sich seinem Willen rückhaltlos unterwirft und sich dessen Gnade vollständig ausliefert, weil er weiß, dass in ihm nichts Gutes wohnt – so sagt Paulus es in Römer 7,18 –, der wird von seinem Gott aus Liebe gedrängt (2Kor 5,11), allen Menschen Gutes zu wünschen und Gutes zu tun.

Zunächst wird er ihnen das Beste geben, das er ihnen geben kann, und das ist das Evangelium. Er wird sich aber auch darum kümmern, ihnen zeitlich Gutes zu geben. Zum Seelenheil wird sich auch die Suppe und die Seife gesellen. Das von Calvin für die Reformation gewonnene Genf wurde eine Stadt der sozialen Fürsorge und der Bildung, das ganz Europa zum Vorbild diente. Die vom Evangelium Ergriffenen, die aus Liebe zu Gott in Liebe zu den Menschen gedrängt wurden, Schulen zu bauen, Gefängnisse zu besuchen, Kranke zu pflegen, Hungernde zu nähren, sind so zahlreich, dass sie nicht aufgezählt werden können. Das nachfolgende Beispiel soll für alle übrigen stehen.

5. England vor und nach Whitefield und Wesley

Möglicherweise haben viele den Namen Whitefield noch nie gehört, denn man hört immer wieder von England vor und nach Wesley. Aber man muss Whitefield zuerst nennen, er war der Bahnbrecher, er ging voran. Whitefield war in allem das Vorbild, nach dem Wesley später handelte. So verdankt England Whitefield genauso viel wie Wesley.

England war Ende des 17. und im ersten Drittel des 18. Jahrhunderts so weit vom Christentum abgerückt und sittlich und sozial so degeneriert, dass die englische Öffentlichkeit nach dem Urteil von Beobachtern der damaligen Zeit unter den christlichen Völkern wohl zu denen gehörte, die am wenigsten wussten, wer Gott und was die Bibel ist. Zeitgenössische Beobachter bangten um den Fortbestand der Nation (zitiert in: Arnold Dallimore, *George Whitefield*, S. 19):

78

„Wir gehen zurück bis ins Jahr 1660. Mit der heftigen Verwerfung des Puritanismus, die damals die Restauration der Monarchie begleitete, gab man den Engländern die Vorstellung, dass man ohne üble Folgen ein Leben der ungezügelten Hemmungslosigkeit führen könne. Mit dieser Gewissheit warf ein Großteil der Nation alle Hemmungen ab und stürzte sich kopfüber in ein Leben der Gottlosigkeit, der Trunksucht, der Unmoral und des Spielens ... Im Jahre 1662 – einem der schwärzesten Tage in der gesamten britischen Geschichte – wurden nahezu 2000 Pastoren aus ihrem Beruf gestoßen – all jene nämlich, welche sich der Act of Uniformity nicht beugen konnten."

5.1. Der Ausverkauf des biblischen Glaubens

Da man die bibelgläubigen Pastoren aus der Church of England vertrieben hatte – Männer, die den Glauben der Reformatoren persönlich kannten und mit Hingabe lehrten –, kann das Bild, das jene Kirche im 18. Jahrhundert bot, nicht verwundern:

„Das Kollektiv der Pastorenschaft besteht aus Männern, deren Leben und Beschäftigung in sonderbarster Beziehung zu ihrem Beruf stehen – Höflinge, Politiker, Anwälte, Händler, Wucherer, Tändler, Musiker, Werkzeuge der Mächtigen und sogar Gefährten von Schurken und Gottlosen. Das Kirchenvolk ist entsprechend das unwissendste, das sich in irgendeinem protestantischen wenn nicht überhaupt christlichen Volk auf der Erde befindet." (Alfred Plummer, *The Church of England in the Eighteenth Century*).

79

Ein harmloser Deismus verdrängte den Glauben an den Gott der Bibel, und das kam der Verrohung britischer Gepflogenheiten in willkommener Weise entgegen. Das Christentum war bloßer schmückender Beirat, wie folgende Begebenheit aus jenen Tagen illustrieren kann:

„Sie [Queen Caroline] war lange bei schlechter Gesundheit gewesen, und im November 1737 lag sie im Sterben ... Nun erleben wir folgende sehr schmerzliche aber charakteristische Szene. Das Volk wundert sich, dass niemand mit der Königin Gebete gelesen hat. Um diesem Munkeln ein Ende zu setzen, schlug der Prime Minister Robert Walpole der Prinzessin Emily vor, den Erzbischof Potter ans Sterbelager zu bestellen. Die Prinzessin zögerte, worauf Walpole weiterfuhr, wiewohl etwa ein Dutzend Personen zugegen waren: ‚Gnädige Frau, wir spielen am besten diese Farce; der Erzbischof wird seinen Part gut machen. Sie können ihm auftragen, sich so kurz zu fassen wie irgend möglich. Es wird der Königin weder schaden noch nützen, aber es wird alle guten und weisen Narren zufriedenstellen, die uns Atheisten nennen werden, wenn wir uns nicht als so große Narren bekennen, wie sie es sind.'" (Alfred Plummer).

Bishop Butler sagte, der Skeptizismus herrsche so uneingeschränkt, dass man

„das Christentum so behandelt, als sei es reine Fiktion ... dass es zu nichts mehr dienen könne, als der öffentlichen Belustigung und Verhöhnung preisgegeben zu werden."

80

5.2. Eine versoffene Nation

Um 1700 war in London, in der Hauptstadt des britischen Reiches, jedes sechste Haus ein Schnapsladen. Gin hieß der Schnaps, den man dort brannte und verkaufte. Ein Londoner Beamter jener Zeit fragte sich:

> „Was soll aus dem Kind werden, das im Ginsuff gezeugt wurde und im Mutterschoß und an der Mutterbrust einer dem Gin Verfallenen herangewachsen ist?"

Bishop Benson klagte zur gleichen Zeit:

> „Diese verfluchten Schnäpse werden, wenn man weiterhin so viel trinkt, dieses Volk vernichten. Gin hat das englische Volk so werden lassen, wie es zuvor nie gewesen ist: grausam und unmenschlich."

Der berühmte und im 18. Jahrhundert gefeierte britische Dramatiker Henry Fielding („Tom Jones") urteilte:

> „Sollte das Trinken dieses Giftes in den nächsten zwanzig Jahren im gleichen Ausmaß weitergehen, dann werden nur noch wenige Normale zurückbleiben, um es noch zu trinken."

Ja, es sah ganz düster aus. Das Evangelium war ganz in den Hintergrund gedrängt worden. Es gab zwar noch Gruppen von Gläubigen, aber die hatten kaum Einfluss auf das gesellschaftliche Leben. So verkam das Volk sittlich vollkommen. Tierspiele gehörten zu den widerlichen Vergnügungen, mit denen man sich die Zeit vertrieb. Eine herzlose Aristokratie lebte im übermäßigen Prunk, während große Teile der Bevölkerung im Elend verkamen. Die Kriminalität wuchs, die Gefängnisse waren überfüllt, Obszönitäten geschahen auf offener Bühne (das kennen wir heute auch). Wesley nannte deshalb die Bühne in London „jene Sickergrube der Verdorbenheit". Dazu blühte als unglaubliche Monstrosität der Sklavenhandel, und England hatte unter den Sklavenhändlernationen den Vorrang.

5.3. England nach der Erweckung

Dann schenkte Gott durch diese beiden Männer, zuerst Whitefield und dann Wesley, Erweckung. Sie zogen kreuz und quer von Ort zu Ort durch England, Wales, Schottland und Irland und predigten während Jahrzehnten. Whitefield hat die Hälfte seines aktiven Lebens in Nordamerika verbracht, dreizehnmal überquerte er den Ozean, bei seiner 13. Überquerung, also bei seinem 7. Aufenthalt in Nordamerika, rief der Herr ihn heim. Er hat nach vorsichtiger Schätzung an die 30.000 Predigten gehalten, und das während 30 Jahren eines aktiven Lebens als Evangelist. 1.000 Predigten pro Jahr, fast 3 pro Tag. Tag für Tag, Woche für Woche, Monat für Monat. Gott hat durch die Predigten dieser Leute – es kamen auch andere zum Glauben, die ebenso gepredigt haben – innerhalb einer Generation der englischsprachigen Welt ein neues Gesicht gegeben und diese Nation vollkommen verändert.

Einer der berühmtesten Amerikaner jener Zeit, der Politiker *Benjamin Franklin* (1706–1790), der an der Unabhängigkeitserklärung Amerikas von 1776 beteiligt war, war mit Whitefield befreundet, achtete seine Person und schätzte seinen Einfluss, obwohl er dessen Ruf zur Umkehr und zum Glauben an den Sohn Gottes nie befolgte. In seinen Tagebuchaufzeichnungen beschreibt der in Philadelphia lebende Franklin die Predigt Whitefields und seine Auswirkung wie folgt:

„Im Jahre 1739 kam Pastor Mr. Whitefield zu uns ... Die Menschenmengen aus allen nur erdenklichen Benennungen, die seine Predigten hörten, waren enorm. Für mich war es ein Gegenstand interessanter Spekulation, den außerordentlichen Einfluss seiner Redekunst auf die Zuhörer zu beobachten ... Es war wunderbar, die alsbaldigen Veränderungen im Benehmen unserer Mitbürger zu sehen. Nachdem sie gegenüber diesen Dingen zuvor gedankenlos oder gleichgültig gewesen waren, schien es, als ob die ganze Welt religiös werden wollte, dergestalt, dass man abends nicht mehr durch die Stadt spazieren konnte, ohne in jeder Straße in mehreren Familien den Gesang geistlicher Lieder zu hören."

Das geschah überall, wohin Whitefield, Wesley und ihre Mitarbeiter kamen. Unzählige Menschen wurden von der Botschaft ergriffen und geistlich von neuem geboren. Das hat England und die nordamerikanischen Kolonien verändert, geprägt, ihnen eine Richtung gegeben, die bis ins 20. Jahrhundert angehalten hat. England wurde von der Trunksucht befreit.

Das Gleiche geschah in Schweden im 19. Jahrhundert, wo die ganze Bauernschaft Schnaps brannte und der Trunksucht verfallen war, bis eine Erweckung durch Schweden ging und die Bauernschaft vom Schnaps befreite.

Außerdem wurde in England die Sklaverei abgeschafft, es entstanden Schulen für breite ungebildete Schichten. Whitefield gründete als Erster eine Schule für die völlig verwahrlosten Kinder der Arbeiterfamilien in Kohlebergwerken, wo er regelmäßig predigte. Ein Mitarbeiter von Whitefield, Griffith Jones, bildete in seiner walisischen Heimat Schullehrer aus und gründete Wanderschulen für Kinder und Erwachsene; von 1731 bis 1761 entstanden 4000 solcher Schulen, in denen 158.000 Schüler ausgebildet wurden. Waisenhäuser wurden eröffnet. Whitefield gründete bereits bei seinem zweiten Aufenthalt in Amerika in der Kolonie Georgia ein Haus für elternlose Kinder. Beide, Whitefield und Wesley, wandten sich öffentlich gegen die Praxis der Sklaverei, bis sie schließlich abgeschafft wurde.

Ich zitiere dazu aus einem Buch über das Leben und die Wirkung von John Wesley (Garth Lean: *John Wesley. Revolution ohne Gewalt*):

> „Wesley war schon zu seinen Lebzeiten ein mächtiger gesellschaftlicher Faktor. Als derjenige Engländer, der mit mehr Landsleuten von Angesicht zu Angesicht sprach als irgend ein anderer in jenem Jahrhundert, als einer der meistgelesen Schreiber von Flugblättern ... ‚Es gab niemanden, der ihm hinsichtlich seines umfassenden Einflusses gleichgekommen wäre', schreibt die Cambridge Modern History.
>
> Wesley griff bestimmte soziale Sünden frontal an. Seine Flugschrift gegen den Sklavenhandel – ‚diese niederträchtigste Summierung aller Schurkereien' –, erschienen 1774, war eine der ersten Anklagen, die ein

84

breites Publikum erreichte; und der letzte Brief, den er von seinem Sterbebett aus schrieb, ging an Wilberforce und mahnte den jungen Streiter für die Freiheit dringlich, seinen Kampf gegen den Sklavenhandel zu intensivieren. Wesley nahm den Kampf ... gegen die Ginbrennereien auf, die der Historiker Lecky ,den größten Fluch jener Zeit' nannte. Er setzte sich gegen den Missbrauch der Arbeitskraft der Armen und für ihre Unterstützung und Bildung ein."

In der britischen Geschichtsschreibung gilt es als ausgemachte Sache, dass die Französische Revolution mit all ihren zerstörerischen Folgen nicht auf England überspringen konnte, weil das Evangelium das Land inzwischen sittlich und gesellschaftlich so verändert hatte, dass kein Grund und damit kein Nährboden für den gewaltsamen Umsturz mehr da war:

> „Wesleys stetiger Einfluss in allen Krisensituation seiner Zeit ist ohne Zweifel ein Grund dafür, dass Historiker wie Lecky, Halévy und Temperley ihm das Verdienst zusprechen, England vor einer blutigen Revolution bewahrt zu haben, die der französischen von 1789 gleichgekommen wäre" (J. Wesley, Revolution ohne Gewalt).

Im 18. Jahrhundert war England führend in der Welt im Sklavenhandel. Ein amerikanischer Forscher schätzt, dass England den französischen, spanischen und britischen Kolonien vor dem Jahre 1776 bereits drei Millionen Sklaven lieferte. Der „Handel", wie dieses üble Geschäft genannt wurde, war das erfolgreichste Geschäft des britischen Imperiums, es galt daher als *das* nationale Interesse.

Als Whitefield im Jahr 1740 zum zweiten Mal Nordamerika bereiste, schrieb er einen die Sklavenhalter verurteilenden offenen Brief an die Verantwortlichen der südlichen Kolonien: *A Letter to the Inhabitants of Maryland, Virginia, and North and South Carolina Concerning their Negroes.*

William Wilberforce war durch die methodistische Erweckung zum Glauben gekommen. 1787 schrieb er in sein Tagebuch:

> „Der allmächtige Gott hat mir zwei Ziele gesetzt: die Abschaffung der Sklaverei und die Besserung der Sitten in England ... Zwanzig Jahre des Kampfes waren nötig, um das Parlament zur Abschaffung des ‚Handels' zu überreden ... England vor Wesley war die größte Sklavenhalternation; England nach Wesley war führend im Kampf um die weltweite Abschaffung der Sklaverei."

6. Die Verdüsterung Europas

Gleichzeitig mit der Reformation wurde die Saat zur heutigen Verfinsterung gesät. Mit der Renaissance und der Aufklärung, englisch *„the Enlightenment"* und französisch *„les lumières"*, wurden jene Kräfte freigesetzt, die die Totengräber der Reformation geworden sind:

- Renaissance und Humanismus: Die Wiedergeburt des Menschen zur Mitte der von ihm selbst erklärten, erforschten und gestalteten Welt.
- Aufklärung und Rationalismus: Der menschliche Geist statt des Wortes Gottes als Quelle letzter und höchster Erkenntnis.

86

- Materialismus: Im Anfang steht nicht Gott, nicht das Wort, sondern die Materie.

Hatte der Satz *Timor Domini initium sapientiae* (Die Frucht des Herrn ist der Weisheit Anfang) jahrhundertelang Wissenschaft, Lehre und gesellschaftliches Leben geprägt, so sind wir inzwischen so weit, dass kein Forscher und kein Politiker im Ernst mehr den Gott der Bibel als Urheber der sinnlich wahrnehmbaren Welt und die Quelle allen Wissens, als Richter allen Tuns und als Lenker aller Geschicke des Menschen anrufen kann. Er gäbe sich der Lächerlichkeit preis. Alles, was die Apostel und nach ihnen die Reformatoren gelehrt haben, wird heute geschmäht oder belächelt.

Ein Mann wie Bismarck, der eigentlich als ein Lebenswerk die Einigung Deutschlands und die Gründung des Kaiserreiches leistete, sagte: „Wir Deutsche fürchten außer Gott niemanden." Gott zu fürchten ist mehr und wichtiger als Menschen zu fürchten. Das könnte heute kein Politiker mehr sagen.

Die Schweizerische Bundesverfassung wurde 1848 unterschrieben und beginnt mit dem Satz: „Im Namen Gottes des Allmächtigen". Wenn heute jemand im Parlament in einer der beiden Kammern, Ständerat oder Nationalrat, für biblische Werte eintritt, wird er nicht einmal ignoriert, das ginge ja noch, sondern es geht eine offene Empörung durch die ganze Kammer. Letztes Jahr habe ich einen Nationalrat, Christian Waber, kennen gelernt, der im Parlament klar biblische Werte vertritt. Nachdem er sich einmal von der Rednerkanzel aus zu einer Vorlage über die Abtreibung äußerte, bevor darüber abgestimmt werden sollte, meldete sich jemand und fragte: „Herr Waber, sind Sie Politiker oder Prediger?" Er antwortete daraufhin: „Man kann nur guter Politiker sein, wenn man auch Christ ist." Da ging ein Geheul durch den ganzen Nationalrat.

Das antichristliche Paradox

Da wir von einem christlichen Paradox gesprochen haben, müssen wir auch von einem antichristlichen Paradox sprechen. Die Nachfahren der Reformatoren und Puritaner, Pietisten und Erwecker mögen ganz gerne von der *kulturstiftenden* Kraft des Christentums reden. Die *Früchte* biblischen Denkens und Urteilens wie Pflichtbewusstsein, Rationalität, praktische Solidarität und daraus erwachsende materielle Wohlfahrt werden gerne geerntet. Die Botschaft, d. h. die göttlichen Wahrheiten, die die Kraft zu solchen für jedermann als nützlich erkennbaren Tugenden sind, will man indes nicht. Der Glaube an den Gott der Bibel und gläubige Unterordnung unter seinen Willen werden mit Abscheu verworfen.

Bürgerliche Freiheiten, politische Mündigkeit, Sozialstaat, Bildung für alle, Befreiung von rassistischen Vorurteilen, religiöse Toleranz, freie Meinungsbildung und -äußerung usw. sind alle zumindest indirekte Folgeerscheinungen des Evangeliums. Die Bibel hat den Menschen gelehrt, entsprechend zu denken und sich entsprechend zu verhalten. Die Apostel, Reformatoren und Erweckungsprediger hatten indes *ein* großes Lebensziel. Ich zitiere einmal mehr aus Max Weber, *Die protestantische Ethik*:

„Ethische Reformprogramme sind bei keinem der Reformatoren – zu denen wir für unsere Betrachtung auch Männer wie Menno (Simons), George Fox, John Wesley zu rechnen haben – jemals der zentrale Gesichtspunkt gewesen. Sie sind keine Gründer von Gesellschaften für ‚ethische Kultur' oder Vertreter humanitär sozialer Reformprogramme oder Kulturideale. Das Seelenheil, und dies allein, ist der Angelpunkt ihres Lebens und Wirkens. Ihre ethischen Ziele und die praktischen Wirkungen ihrer Lehre sind alle hier verankert und Konsequenzen rein religiöser Motive."

Das Seelenheil, oder genauer: die Erkenntnis des Gottes, den zu kennen und dem zu dienen allein Leben und Heil bedeutet, war die Leidenschaft der Reformatoren und Erwecker. Die sozialen Folgen waren willkommene, aber nicht gesuchte Begleiterscheinungen. Die Christenheit des 20. Jahrhunderts ist hingegen allein an den Begleiterscheinungen interessiert. Dass man die Früchte will, den aber von sich weist, der sie wachsen lässt, ist eine Schmähung des Gebers aller guten Dinge. Gott aber lässt sich nicht spotten. Der Mensch wird das ernten, was er gesät hat. Das heißt, dass wir für eine Gesellschaft, die bestenfalls Gleichgültigkeit, meist aber direkten Widerspruch und offenen Hohn gegenüber der biblischen Botschaft sät, keine Hoffnung haben können. Die Folgen der seit Jahrzehnten betriebenen systematischen Ausmerzung biblischen Urteilens und Denkens aus Familie, Schule, Kirche und Medien sind ja auch mit Händen zu greifen. Europa sieht heute dem England vor der methodistischen Erweckung sehr ähnlich. Alle dort genannten Punkte könnten wir auf uns und unsere Zeit anwenden. Nur mit einem Unterschied: Der Grad der Verdorbenheit ist höher.

Die antichristlichsten Staaten befinden sich heute alle in den alten Ländern der Christenheit und der Reformation.

89

- Der Schöpfer und die Schöpfung werden geleugnet
- Die Schöpfungsordnungen werden abgebrochen und teils ins Gegenteil pervertiert
- Der Gott der Bibel und der Glaube an die Bibel werden offen verhöhnt.

Müssen wir weitere Beispiele anführen? Wir nehmen es allenthalben wahr, wir fühlen es, wir wissen es, dass wir ernten, was wir gesät haben. Ich schließe mit einem Satz aus Galater 6,7:

„Irrt euch nicht, Gott lässt sich nicht spotten! Denn was irgend ein Mensch sät, das wird er auch ernten."

7. Fragen aus dem Publikum

Was ist das christliche Paradox?

Das christliche Paradox besteht darin, dass das Christentum nicht diesseitsorientiert ist. Es ist die einzige wirklich jenseitsorientierte Religion von allen Weltreligionen, das bedeutet, dass die Ewigkeit und der Himmel und das Leben für das Jenseits ihre Ziele sind. Der Islam ist viel stärker diesseitsorientiert, er will, dass Religion und Staat eins sind. Auch der Hinduismus ist radikal diesseitsorientiert. Das Paradox besteht nun darin, dass dort, wo man sich wirklich auf das Jenseitige orientiert, es einem im Diesseits ebenfalls besser ergeht. Das antichristliche Paradox ist, dass wir so gottlos sind wie noch nie und es uns wirtschaftlich so gut geht wie noch nie. Das lässt mich noch mehr erschaudern, denn das bedeutet, dass Gott nicht mehr zu uns redet, sondern uns dahingibt. Er gibt uns auf gottlosen Wegen Gelingen, und das ist das Schlimmste, was uns passieren kann.

Ist die Verkündigung heutzutage in den Kirchen nicht auch sehr diesseits bezogen?

Das zeigt, wie stark der Zeitgeist in den Kirchen, Gemeinden, auch evangelikalen Gemeinden Einzug gehalten hat. Das ist für bibelgläubige Gemeinden verhängnisvoll. Wenn wir das Schwergewicht auf Gott den Herrn legen, auf sein Reich, auf seine Gemeinde, dann wird die Folge davon sein, dass wir es viel schöner haben. Aber wenn wir anfangen, das Schwergewicht auf unser Wohlergehen zu legen, werden wir es verlieren. Wir betrügen uns damit selbst.

Welche Chancen hat die evangelistische Verkündigung heute noch in unserer verdorbenen Gesellschaft? Es gibt ja Kreise, die von der großen Erweckung in Deutschland träumen, aber wie sieht das realitätsnah aus?

Wir sollten einfach das tun, was wir tun können. Wir sollten so handeln und leben und für so viele Dinge beten, wie wir Glauben haben. Ich habe nicht den Glauben, dass sich die ganze Schweiz bekehrt. Aber ich habe den Glauben, dass mein Nachbar sich bekehrt, und ich bete für ihn. Wenn wir das tun, so kann der Herr noch manches wirken. Lasst uns das tun, wofür wir Glauben haben. Lasst uns beten und unser Leben für die Verbreitung des Evangeliums einsetzen.

Wie kann man verhindern, dass geistliche Dinge in politische überschwappen? Beispiel: die Reformation.

Wahrscheinlich kann man nicht verhindern, dass eine solche Entwicklung eintritt. Es ist immer wieder passiert, dass die Frucht des Evangeliums, Frieden und gesellschaftliches freiheitliches Zusammenleben und wirtschaftliche Wohlfahrt, die ja nur Sekundärerscheinungen waren, in der zweiten und dritten Generation zur Hauptsache wurden. In Indien lernte ich vor einigen Jahrzehnten eine Erweckungsbewegung kennen, wo innerhalb von 40 Jahren 900 Gemeinden entstanden und Zehntausende zum Glauben kamen. Wenn man diese Gemeinden besucht – ich war das letzte Mal vor 6 Jahren in Madras –, findet man in ihnen sehr viele Ärzte, Juristen, Hochschullehrer, einen sehr hohen Prozentsatz an hochqualifizierten Berufsleuten, aber man kann bereits beobachten, dass sich das lähmend auf den Glauben auswirkt. Das scheint der Weg alles Fleisches zu sein.

Es ist wahr, dass auch die Reformation auf seltsamen Wegen angenommen wurde. Ich spreche jetzt von Schweden, weil ich ja aus Schweden komme. Gustav Wasa, der Gründer des eigenständigen Schweden gegenüber Dänemark und Norwegen – die drei Reiche waren zuvor in einem Dreikönigsreich geeint –, brauchte Geld, denn der Befreiungskrieg gegen Dänemark hatte viel gekostet. Da kam ihm die Reformation wie gerufen. Er erklärte plötzlich Schweden vom Papst frei und kassierte alle Kirchengüter. Das war sein Motiv, aber das führte dazu, dass die Bibel nach Schweden kam und noch zu seiner Zeit ins Schwedische übersetzt wurde; dadurch wurden die Schweden ein bibellesendes Volk. Das war natürlich ein Segen. Dasselbe gilt für England. Wie kam England von Rom los? Weil Heinrich VIII. sich von seiner Frau scheiden lassen wollte und der Papst in die Scheidung nicht einwilligen wollte. Da löste er sich halt von Rom und erklärte den englischen König zum Haupt der englischen Kirche. So entstand die anglikanische Kirche, deren Oberhaupt noch heute die britische Monarchin ist. Das hat Gott gebraucht: Durch die Loslösung von Rom entstand die Möglichkeit, die Bibel in ganz England zu verbreiten, zu lesen und zu lehren. So hat Gott unsere krummen Wege oft verwendet. Auf krummen Zeilen schreibt Er gerade. Aber wie wir es verhindern können, dass Politisches und Soziales wichtiger werden als das Geistliche, weiß ich auch nicht. Wir können nur für uns persönlich reden und den Herrn darum bitten, dass wir nicht träge, satt und selbstzufrieden werden.

Wie bringen wir unseren Kindern bei, was gut und was böse ist?

Ich glaube, dass die Methode immer dieselbe ist. Gott leitet Eltern dazu an, er befiehlt es ihnen sogar, ihre Kinder zu lehren und zu erziehen. Wir können unsere Kinder am glaubwürdigsten lehren und erziehen, wenn wir Vorbilder im Glauben und in der Gottesfurcht sind. Dann werden sie uns das, was wir ihnen beibringen, auch abnehmen. Das war schon immer das Mittel. Wir können nicht alle Einflüsse ausblenden, aber wir sollen und müssen das tun, was wir tun können, der Herr wird das dann auf seine Weise verwenden und selbst zu den Kindern reden. Wenn Er nicht zum Herzen unserer Kinder redet und an ihnen wirkt, wird nichts geschehen. Aber damit Er handelt, müssen wir unserer Verantwortung entsprechen und die eben genannten Mittel verwenden, die Er verordnet hat.

Ist es nicht eine Gefahr für uns, dass wir Gottesfurcht an äußerem Wohlergehen messen?

Ja, so haben viele geurteilt. Vielfach hat man Gottesfurcht an Gesundheit und an Wohlergehen gemessen. Wer gottesfürchtig sein will, damit es ihm gut geht, missbraucht das Christentum. Darum müssen wir sehr stark betonen, dass das ein christliches Paradox ist. Beim Christentum kommt es auf Gottesfurcht an und auf das Leben für den ewigen und jenseitigen Gott, das ist das Entscheidende. Wohlfahrt ist lediglich eine Folge davon. Wir dürfen aber nicht darauf bestehen und sagen, dass der Gottesfürchtige auch reich werden müsse. Das kann im Einzelfall so sein.

Wir stellen fest, dass das Christentum in den christlichen Ländern immer mehr zurückgeht. Hat das bei diesen Ländern auch Auswirkungen auf ihr Verhältnis zu Israel?

Das ist offenkundig der Fall. Viele von uns erinnern sich noch an den Sechs-Tage-Krieg. Ich war im Sommer 1967 sechzehn Jahre alt. Zu der Zeit war die ganze Öffentlichkeit für Israel. 25 Jahre danach habe ich eine Fernsehdokumentation gesehen, in der deutlich wurde, dass man heute fast völlig vergessen hat, wie Europa damals noch zu Israel stand. In der genannten Sendung wurden Filmdokumente vom Juni 1967 gezeigt. In allen westeuropäischen Großstädten gab es Kundgebungen. Die Bürger gingen auf die Straßen und protestierten für Israel. Man empfand damals noch, dass wir Europäer Israel und den Juden viel zu verdanken haben, und darum war eine Art Achtung und Zuneigung zu den Juden vorhanden, die heutzutage nahezu verschwunden ist.

Die Gesellschaft ohne Bibel – der Orient

Wenn wir „Orient" sagen, denken wir meistens an die Völker, die mit dem christlichen Abendland unmittelbar in Berührung gekommen sind, also an die islamischen Völker und Länder. Ich will mein Thema anhand von zwei Ländern behandeln: Pakistan und Indien. Ich kenne diese Länder recht gut, weil ich selbst während zweieinhalb Jahren dort gelebt habe, die beiden Hauptsprachen Urdu und Hindi spreche und immer wieder besuchsweise da war. Pakistan ist ein islamisches, Indien ein hinduistisches Land.

Ich will zu zeigen versuchen, welche Auswirkungen es auf eine Gesellschaft hat, wenn die Bibel darin keinen Einfluss hat und keine Rolle im öffentlichen Denken und im sittlichen Urteil spielt. Dabei setze ich voraus, dass wir uns als Christen und als Bibelleser bewusst sind, dass keiner von uns besser ist als irgendjemand anders. Wir Menschen sind alle gleich schuldig, sind alle Sünder, sind alle unheilig und böse und haben alle den Zorn Gottes verdient. Die Menschen in Europa sind nicht besser als die Menschen in den orientalischen Ländern. Es geht mir einzig und allein darum zu zeigen, welchen Einfluss die Bibel auf eine Gesellschaft hat, wo man ihr Raum gibt. Am eben behandelten Beispiel der Reformation wurde das besonders deutlich.

Wir wollen auf diese Weise Rückschlüsse auf die Wahrhaftigkeit dessen ziehen, was in der Bibel steht und auch auf die charakterbildende und heilswirkende Kraft des Bibelwortes.

1. Indien – das Land der Tempel

Ich beginne mit Indien, dem Land der Tempel. 1947 wurde Indien unabhängig, nachdem es fast 200 Jahre unter britischer Herrschaft gestanden hatte. In den Jahren des indischen Unabhängigkeitskampfes standen sich zwei Männer – wenn auch von ferne – als Rivalen gegenüber: *Mohandas Karamchand Gandhi*, genannt *Mahatma*, und der britische zeitweilige Premierminister *Winston Churchill*. Winston Churchill kämpfte leidenschaftlich gegen die Entlassung Indiens in die Unabhängigkeit. Das hatte verschiedene Gründe, aber er war auch ein großer Realist, der von seltener Menschenkenntnis geprägt war, und er war davon überzeugt, dass es Indien, wenn es so schnell in die Unabhängigkeit entlassen würde, bald nicht gut gehen würde.

1.1. Churchills Prophezeiung

Am Vorabend der Unabhängigkeit Indiens sagte er in einer Rede im Unterhaus:

„Die Macht wird in die Hände von Schurken, Gaunern und Freibeutern übergehen. Keine Flasche Wasser, kein Laib Brot wird steuerfrei bleiben ... Es sind dies allesamt Strohmänner, von denen man in wenigen Jahren nichts mehr wissen wird. Sie werden sich gegenseitig bekämpfen, und Indien wird in politischen Zänkereien untergehen."

Ich hätte Hemmungen gehabt, ein so scharfes Urteil auszusprechen über ein Land, das ich liebe und dem ich persönlich viel verdanke, wäre ich ihm nicht an überraschender Stelle begegnet: Der indische Journalist und Historiker *Kushwant Singh* zitierte am 3. Juni 1991 im amerikanischen Nachrichtenmagazin „Newsweek" den britischen Premier in der Einleitung zu einem von ihm verfassten Artikel über sein eigenes Land. Er schloss mit dem bitteren Kommentar:

„Churchills düstere Prophezeiung scheint sich zu erfüllen. Die gegenwärtige Generation indischer Politiker hat sich als Strohmänner erwiesen, die ihre Zeit in endlosen Zänkereien miteinander vertun."

1.2. Gandhis Traum vom unabhängigen Indien

Was hat das mit der Religion zu tun, die Indien prägt? Ich will versuchen, das anhand von Gandhis Traum vom unabhängigen Indien zu zeigen. Vielleicht haben manche Leser den Hollywoodstreifen „Gandhi" gesehen. Das ist so ein richtiges Hollywoodrührstück, so weit von der Wirklichkeit entfernt wie nur etwas von der Wirklichkeit entfernt sein kann. Es hat mit dem historischen Gandhi außer dem Namen nicht viel gemein. Vielleicht stimmt sein Geburtsort und natürlich die Tatsache, dass er bei einem Attentat umkam, aber sonst fast nichts.

Der Traum von Gandhis Indien lässt sich so umschreiben: Er träumte von einem Indien, das unter der Rama Raj (Herrschaft des Gottes Ram) stand. Für ihn bedeutete das, dass Kastenlosigkeit und *Ahimsa* (Gewaltlosigkeit) das indische Gemeinwesen prägen sollte. Das klingt alles sehr gut, aber man muss wissen, was innerhalb des hinduistischen Denkens Gewaltlosigkeit bedeutet. Dazu möchte ich jetzt einiges sagen.

In den 1920-iger Jahren schrieb Gandhi in seiner von ihm herausgegeben Monatsschrift *My picture of free India* (*Mein Bild vom freien Indien*) in einem Artikel:

„Indiens wirkliche Botschaft an die Welt ist Gewaltlosigkeit. Indien ist von diesem Geist gesättigt ... Wenn diese Botschaft fehlt, hat Indien keine Botschaft zu geben."

Doch beides, religiöser und sozialer Friede und Gewaltlosigkeit blieben ein Traum. Die Unabhängigkeit Indiens wurde in einer Orgie der Gewalt gefeiert, die sich wie in böser Ironie ausgerechnet an religiöser Feindschaft entzündete. Die beiden stärksten Religionsgemeinschaften, die moslemische Minderheit und die hinduistische Mehrheit, schlachteten sich gegenseitig regelrecht ab. Die Aufteilung Indiens in einen moslemischen und in einen säkularen (wiewohl mehrheitlich hinduistischen) Teil führte zum größten Flüchtlingsdrama in der Menschheitsgeschichte: 12 Millionen Menschen verließen Haus und Hof. Hindus, die im ehemaligen nordwestlichen Teil Indiens wohnten, das dann zu Pakistan wurde, und Moslems im hinduistischen Indien, verließen ihre Heimat. Der indische Richter und Historiker jener Schreckensmonate, *G.D.*

Khosla, schätzt die Zahl der Toten auf 500 000. Sie kamen in wenigen Monaten auf grauenvolle Weise um: Sie wurden mit Knüppeln erschlagen, mit Spaten zerhackt, ihre Schädel wurden mit Steinen eingeschlagen, sie wurden mit Dolchen erstochen. Es war ein Ausbruch von Barbarei, die schier unvorstellbar ist.

Die Gewaltlosigkeit, die Gandhi lehrte und predigte, lässt sich nicht mit dem vergleichen, was wir unter Gewaltlosigkeit verstehen. Man muss sie im indischen, im hinduistischen Kontext verstehen. Gandhi verstand, dass der einzige Weg, auf dem er in Indien mächtig werden konnte – er gehörte nämlich nicht zur höchsten Kaste und konnte somit in der politischen Laufbahn nicht steigen –, darin bestand, dass er ein heiliger Mann würde. Ein heiliger Mann darf in Indien einfach alles, und zwar deshalb, weil er ein heiliger Mann ist!

Ich werde sogleich dazu noch einige Zitate von indischen Historikern anführen. Doch zuvor schauen wir uns den weiteren Verlauf der Geschichte des unabhängigen Indien an. Ein knapper Abriss der zehn Jahre zwischen 1983 und 1993 ist niederschmetternd:

- **1983:** In politischen Unruhen sterben während einer Wahlperiode 3000 Menschen im indischen Gliedstaat Assam.
- **1984:** Indische Truppen stürmen den Goldenen Tempel in Amritsar und töten über 1200 Menschen.
- **1984:** Indira Gandhi wird von ihren Leibwächtern, die der Religionsgemeinschaft der Sikhs angehören, ermordet; in der Folge werden in Racheakten 3000 Sikhs getötet.

- **1988:** Mit 1567 Toten wird in diesem Jahr ein trauriger Rekord an Opfern des Terrorismus im Punjab erreicht, nachdem Jahr für Jahr, von 1984 bis 1988 jedes Jahr über 1000 Menschen auf diese Weise allein im Gliedstaat Punjab umgekommen waren.
- **1989:** Über 1000 Menschen sterben in Religionsfehden zwischen Hindus und Moslems in Bhagalpur im Unionsstaat Bihar.
- **1990:** Ayodhia wird von einer Welle der Gewalt heimgesucht, da Hindu-Fundamentalisten dort eine heilige Stätte der Moslems niederzureißen drohten. Dutzende erliegen dem Kugelregen der Sicherheitskräfte.
- **1991:** Ermordung von Premierminister *Rajiv Gandhi.* – Kurz vor seiner Ermordung klagte Rajiv Gandhi, dass in der kurzen Geschichte des freien Indien mehr Menschen einen gewaltsamen Tod gestorben seien als während der gesamten 200 Jahre britischer Kolonialherrschaft; an allen Fronten des Vielvölkerstaates herrsche Anarchie.
- **1992:** Ein Hindu–Mob zerstört am 6. Dezember die *Babri Moschee* in Ayodhia. In Racheakten wütender Moslems in Indien, Bangladesh und Pakistan kommen 2000 Menschen ums Leben.
- **1993:** Als Rache für die getöteten Hindus stürmt die *Shiv Sena,* die „Armee Schiwas", im Januar durch Moslem–Quartiere in Bombay und lässt über 1000 Tote zurück.
- **1993:** Im März explodieren innerhalb einer Stunde dreizehn von Terroristen gelegte Bomben in der Innenstadt Bombays. Bilanz: 300 Tote und über 1000 Verletzte.
- **1989–1993:** In den vier Jahren Sezessionskampf moslemischer Kaschmiris gegen die indische Zentralre-

100

gierung sterben zwischen 10 000 und 25 000 Menschen. Entführungen, Vergewaltigungen und Folter sind an der Tagesordnung.

So könnten wir fortfahren. Indien, das Land der Gewaltlosigkeit, hat unter der Regierung von Indira Gandhi, also in den frühen 80-iger Jahren, eine Atombombe gezündet. Das Klischee vom friedfertigen Hindu ist also offenkundig falsch. Das Aushängeschild des angeblich gewaltlosen Hindu, der gewaltlosen hinduistischen Milde, ist eben Mahatma Gandhi.

1.3. Der friedfertige Hindu

Ich habe eine sehr ausführliche Biographie eines äußerst interessanten bengalischen Historikers namens *Nirad Chaudhuri* gelesen. Er war etwa zehn Jahre jünger als Gandhi und während all der Jahre des Unabhängigkeitskampfes Sekretär der Kongresspartei Gandhis. Er kannte ihn aus nächster Nähe. Nirad Chaudhuri hat in seiner 1500 Seiten langen Autobiographie, die in zwei Bänden erschienen ist, unter anderem zu Gandhi Folgendes geschrieben:

> „Nirgends haben sich westliche Autoren in Gandhi gründlicher getäuscht als darin, dass sie seinen unersättlichen und durch nichts zu befriedigenden Machthunger übersehen haben. Darin war er keineswegs anders als Stalin. Nur brauchte er nicht zu töten, denn er konnte sich seiner Gegner genauso gut mit Hilfe seiner gewaltlosen Vaishnava Methode entledigen."

Er belegt seine Behauptung, indem er beschreibt, wie Gandhi mit politischen Gegnern umging. Er hat politische

Gegner in den Tod getrieben, aber eben auf die gewalt-
lose Weise des heiligen Mannes in Indien, der sich alles
erzwingt, alle seine Forderungen durch Verweigerung
durchsetzt. Sein berühmter „ziviler Ungehorsam", d. h.
sein gewaltloser Widerstand, war seine besondere und
sehr indische Masche. Bei seinen mit großem Medienauf-
wand zelebrierten Fastenaktionen verhielt es sich nicht
anders als mit ungezogenen Kindern, die Essen und Trinken verweigern, um Wünsche durchzusetzen. Politische
Konkurrenten innerhalb seiner eigenen Partei machte er
mit der Drohung, er werde sich, falls sie sich seinen Vor-
schlägen nicht fügten, zu Tode fasten. Er verstand es,
durch geschickt eingefädelte Ausgrenzung indische Rivalen im Kampf um die Unabhängigkeit in die Isolation
und Verzweiflung zu treiben, bis diese selbst Hand an sich
legten, so geschehen im Fall von Subhas Chandra Bose,
dessen Tod Chaudhuri dem gewaltlosen Mahatma anlas-
tet. Chaudhuri ist nicht der einzige Zeitgenosse, der die
Teilung von Britisch Indien auf die Weigerung Gandhis
zurückführt, in einem geeinten, unabhängigen Indien die
Gewalt mit Jinnahs Muslim League teilen zu müssen. Ich
habe das alles in einer Biographie über Gandhi gründlich
erörtert.[1]

Gandhis hinduistische Gewaltlosigkeit war seine besondere indische Methode, um zur Macht zu kommen und
die Macht zu behalten. Den von Gandhi geschickt in-
szenierten und von vielen Schwachköpfen erträumten
friedfertigen Menschen gibt es gar nicht, weder in Indi-
en noch in Europa, noch irgendwo anders. Der Mensch
bleibt Mensch, und das heißt ein Sünder, der ungeheuer

---

[1] B. Peters: *Gandhi, der politische Avatar*, Berneck 1989.

geschickt ist im Ersinnen von immer neuen Methoden, um sich selbst zu verwirklichen.

Was sagt denn die Bibel über alle Träume vom friedfertigen Menschen? Wir wollen hören, was der Sohn Gottes, der Schöpfer aller Menschen, der das Herz des Menschen kennt, über das Herz des Menschen sagt. Das Herz ist das Innere des Menschen, und was ist in seinem Inneren? Was haust im innersten Kern des Menschen? „Aus dem Herzen kommen hervor böse Gedanken, Mord, Ehebruch, Hurerei, Dieberei, falsche Zeugnisse, Lästerungen" (Mt 15,19). Solche Dinge wie Mord hausen in uns. Deshalb brauchen wir die biblische Botschaft, die uns das sagt. Wir müssen uns einfach darüber im Klaren sein, und das ist eins der wichtigsten Dinge, die wir lernen müssen, wie wir wirklich sind. Wir sind nicht so gut, wie wir gerne wären und von uns denken. Die Bibel zeigt uns, dass der Mensch von Natur zur Gewalt neigt, dass er verlogen ist, dass er gern Macht über andere ausübt, all das sind sehr üble Züge. Wenn dieses für uns wenig schmeichelhafte Wissen präsent ist und sogar eine Mehrheit prägt, dann hat das selbstverständlich Auswirkungen auf das Zusammenleben. Aber wenn dieses Wissen um das wahre Wesen des Menschen in einer Kultur und in einer Gesellschaft gänzlich fehlt, hat das ebenfalls Auswirkungen auf das Zusammenleben der Menschen.

1.4. Die Spiritualität des Hindu

Der Hinduismus ist nicht eine Religion besonderer Spiritualität, wie uns von im Westen berühmt gewordenen Reform-Hindus wie *Vivekananda* suggeriert worden ist. Das ist die Sorte Hinduismus, die man ungefähr ab 1900 in den Westen zu exportieren begann, weil man wusste, dass man den Menschen in Europa und in Nordamerika den Hinduismus, wie er in Indien gelehrt, geglaubt und gelebt wird, nicht präsentieren kann. Der Hinduismus ist eine Religion voller Tabus und Ängste. Das vielleicht größte und im Westen am weitesten verbreitete Missverständnis über den Hinduismus ist, dass der Hinduismus in seiner Anlage stärker auf Transzendenz ausgerichtet sei als alle anderen Religionen. Dem philosophisch geneigten Europäer, dem entsprechende Texte aus den *Upanishaden* serviert worden sind, muss das so erscheinen. Nur hat diese Art Hinduismus auf den in Indien lebenden Hindu keinerlei Einfluss.

Ich habe einiges über Hinduismus gelesen, gehört und gesehen. Das Beste, was ich je über Hinduismus gelesen habe, ist das Buch *Hinduism* des bereits erwähnten bengalischen Historikers und Schriftstellers Nirad Chaudhuri, der selbst Hindu ist. Er schreibt dort:

> „Eine falsche Idee muss endlich aufgegeben werden, wenn wir uns mit dem Stellenwert der Hindu-Philosophie beschäftigen, nämlich die, dass Hindus in den letzten Jahrhunderten Achtung vor Philosophie und Philosophen gehabt hätten. Das hohe Ansehen der Hindu-Philosophie wurde modernen Hindus durch europäische, besonders deutsche Gelehrte aufgepfropft, von denen Max Müller der herausragendste und einflussreichste war ...“

Es waren also deutsche Orientalisten, deutsche Indologen, die den Hinduismus irgendwann entdeckten und dann den Indern klar machten: Ihr habt eine so glorreiche Religion. Diesen im indischen Denken inexistenten philosophischen Hinduismus haben indische Gurus später im Westen kolportiert.

Weiter lesen wir bei Nirad Chaudhuri:

> „Das religiöse Empfinden des Hindu blieb der ursprünglichen Triebfeder zu aller Spiritualität treu, das heißt dem Trachten, von allen Beschränkungen freizukommen, welche die Natur dem Menschen auferlegt. Mithin ist hinduistische Spiritualität nicht ein Streben nach Glückseligkeit, sondern nach Macht.
>
> Der Hinduismus unterscheidet sich fundamental vom Christentum darin, dass er seinen Nachfolgern nicht eine Alternative zu dieser Welt bietet, sondern ihnen primär die Mittel bietet, ihre Existenz in dieser Welt zu erhalten und zu verbessern ... Das Hauptziel ist stets weltliche Wohlfahrt."

Wenn jemand im Tempel opfert und nachher zu den Göttern betet oder der opfernde Priester z. B. zu Kali betet, dann lautet das so:

> „Om![2] Gib mir langes Leben, gib mir Ruhm, o Göttin! Gib mir gutes Glück. Gib mir Söhne, gib mir Reichtum, gib mir alles Wünschenswerte."

Religion hat für den Hindu einzig den Sinn, irdisches Glück zu bescheren, nichts anderes. Dass die biblische Botschaft radikal jenseitsorientiert ist, weiß auch der oberflächlichste Kenner des Evangeliums. Dass gerade in dieser denkbar radikalsten Verankerung im Jenseits die un-

---

[2] „Om" ist ein hinduistisches Mantra, d. h. ein Wort, das Kraft freisetzt.

geheure soziale Kraft des Christentums liegt, ist eines der Paradoxe, auf das wir schon zu sprechen gekommen sind. Ziel und Absicht der biblischen Botschaft ist es ja durchaus nicht, uns erfolgreich und glücklich zu machen und uns Macht zu geben. Ihr Ziel besteht darin, uns vor Gott zu bringen und vor Ihn zu stellen, damit Er uns von der Macht der Sünde, die in uns wohnt, befreien kann.

Was die wenigsten wissen, ist ferner, dass den Hinduismus und das tägliche Leben des Hindu etwas ganz anderes prägt und beherrscht als transzendentale Meditation, nämlich Tabus. Es gibt gewisse Speisen, die man nur zu gewissen Zeiten und zusammen mit anderen Speisen essen darf. Es gibt bestimmte Tage, an denen man keine Reise unternehmen darf, weil die Sterne, die göttlichen Mächte, gegen eine Reise sprechen. Es gibt Tage, an denen man keinen Vertrag abschließen, andere, an denen man auf keinen Fall eine Ehe schließen darf. Wann die guten Tage sind, das liest allein der Priester aus den Sternen und aus Handlinien. Es gibt Tage, an denen darf man nicht in den Krieg ziehen, andere Tage, an denen man keine Prüfung schreiben soll usw. Es gibt Hunderte solcher Tabus. Es gibt Trinkgefäße, die man nur für bestimmte Getränke benutzen darf, andere darf man nicht mit anderen zusammen gebrauchen. Als ich in einer ländlichen Gegend in Indien war und Durst hatte, bat ich um Wasser: Man brachte mir Wasser, aber nicht einen Becher mit Wasser, sondern man goss mir aus einem Krug Wasser zum Trinken in die Hände, denn ich durfte das Trinkgefäß nicht berühren. Hindus dürfen nicht in Gegenwart von Angehörigen anderer Kasten essen. Durch solche Tabus werden sie eingeschränkt und gekettet. Das prägt den täglichen Hinduismus.

1.5. Die sittliche Indifferenz hinduistischer Religiosität:

Der Brahmane ist der selbstbewusste Vertreter der Elite des hinduistischen Gemeinwesens; er verkörpert alles, was dem Hindu heilig ist. Er muss als Priester und damit Verwalter aller diesseitigen Segnungen, die die Gottheit zu verteilen hat, sein Metier beherrschen; und das tut er meist auch. Sittliche Forderungen werden nicht an ihn gestellt.

Der Abbé *J.A. Dubois,* der um die vorletzte Jahrhundertwende mehrere Jahrzehnte wie ein Inder unter Indern in Südindien lebte, hat eine sehr exakte und zuverlässige Studie über die Sitten und Rituale der Hindus und über die Brahmanen geschrieben. Ich habe das Buch in englischer Übersetzung gelesen. Zu Deutsch bedeutet der Titel: „Hindu-Sitten, Gebräuche und Zeremonien". In diesem Buch beschreibt Dubois seine Erfahrungen mit Brahmanen, die er während seines jahrzehntelangen Aufenthaltes in Südindien gemacht hat:

> „Ich denke, wir können als ihre größten Laster ihre Unzuverlässigkeit, ihre Betrügereien, ihre Doppelzüngigkeit bezeichnen ... Der wäre ein Tor, der sich auf ihre Versprechungen und Eide verließe ... Extremer Egoismus ist eine gewöhnliche Eigenschaft eines Brahmanen." (J.A. Dubois, *Hindu Manners, Customs and Ceremonies*).

Ein anderer Beobachter des hinduistischen Alltagslebens, dem Nirad Chaudhuri ebenso das Zeugnis absoluter Authentizität ausstellt, ist der Engländer *W.J. Wilkins.* Er stellte ebenfalls im letzten Jahrhundert in seinem Buch *Modern Hinduism* fest:

107

„Ich habe viele Jahre in engstem Verkehr mit dem Volk gelebt, habe mit allen Klassen der Gesellschaft zu tun gehabt, habe viele glückliche Jahre in Arbeit zu ihrem Nutzen verbracht und werde willentlich nichts mit böser Absicht über sie schreiben ... Ein Mann kann der vorbildlichste Hindu sein und gleichzeitig in der gröbsten Unmoral leben ... Einer unserer einheimischen Christen sagte einmal: ,Ihr [Engländer], die ihr in christlichen Familien zur Welt gekommen seid, und denen von Kindheit an beigebracht wurde, stets die Wahrheit zu sagen und die Lüge zu verachten, könnt euch keinen Begriff davon machen, wie schwer es für den Bengali ist, seine natürliche Neigung, zu lügen und zu betrügen, zu überwinden. Euch wird gelehrt, es sei unehrenwert zu lügen; uns wird gelehrt, das Unehrenwerte sei nicht das Lügen, sondern das Erwischtwerden.'"

Wir kennen das natürlich auch und sagen manchmal scherzhaft, das elfte Gebot laute: „Du sollst dich nicht erwischen lassen." So ist das menschliche Herz. Aber wir wissen wenigstens, dass das eine verwerfliche Haltung ist. Lügen ist schändlich. Die meisten von uns haben ein schlechtes Gewissen, wenn sie gelogen haben. Das ist uns durch biblische, christliche Lehre anerzogen. In der Seele des Hindu und des Moslems findet sich nicht das gleiche Reservoir, aus dem sich sein sittliches Urteilen nährt und das sein Gewissen straft. Selbstverständlich hat das Auswirkungen auf das Zusammenleben der Menschen. Bestechlichkeit ist ein ungeheurer Fluch. Wenn man als Inder in der indischen Gesellschaft von einem Beamten etwas will, muss man ihn bestechen, damit er tut, was seine Pflicht ist. Bei uns gibt es auch Bestechung, aber hier muss man Leute bestechen, damit sie etwas tun, was sie nicht tun dürfen. Ich habe einen guten Freund, der Pastor in Pakistan ist, wo ungefähr die gleiche Situation herrscht. Vor jeder Reise, die er antritt, betet er: „Herr, bewahre uns vor der Polizei." Warum betet er das? Wenn die Polizei einen Autofahrer aufhält, will sie Geld. Die Polizisten sind regelrechte Wegelagerer. Sie verwenden ihre Autorität nicht, um das Recht zu schützen, sondern um es zu ihrem eigenen Vorteil zu beugen.

1.6. Die soziale Gleichgültigkeit des Hindu

Der Hindu hat kein Auge für das Elend anderer, auch nicht für das Elend der Menschen, die in allernächster Nähe um ihn herum wohnen. Er kann durch eine Stadt gehen, wo rechts und links Bettler auf dem Gehsteig liegen, und er nimmt sie nicht wahr. Das Kastensystem wirkt wie ein Anästhetikum gegen jedes Mitleid mit Armen und Ausgestoßenen. Das ist nachgerade ein Gemeinplatz. Weniger bewusst ist den meisten, dass die Blindheit des Hindu für das Ergehen des Nächsten auch mit seiner Vorstellung von Frömmigkeit zusammenhängt. Folgender Satz aus der *Bhagavad Gita,* dem meistgelesenen Buch der Hindus, diene als Beleg:

Wer seine Seele frei von allen Dingen,
Die sie von außen her berühren, hält,
Erlangt sein wahres Selbst, den wahren Frieden,
Des wahren Daseins wahre Seligkeit.
Er wird mit Recht ein Heiliger genannt.
Er findet seinen Himmel in sich selbst.

Man wird also angeleitet, möglichst alles, was links und rechts geschieht, auszublenden und nur darauf bedacht zu sein, den Himmel, d. h. sein persönliches Glück zu finden und nichts anderes. Wer „seinen Himmel in sich selbst" findet, wird kaum den Drang verspüren, dem christlichen Ideal nachzustreben: seine Liebe zu Gott im Himmel – der nicht *in*, sondern *über* ihm ist – durch liebevolle Hingabe an den Nächsten hier auf Erden zu beweisen (siehe 1Joh 3,16.17). Als ich drei Monate in Kalkutta lebte, sah ich jeden Tag Bettler auf der Straße, und selbstverständlich kann man nicht jedem etwas geben; es sind einfach zu viele. Als ich einmal einen Bettler auf dem Gehsteig auf dem Rücken liegen sah, langte ich in meine Tasche, aber als ich ihm näher kam, merkte ich, dass er tot war. Er war schon aufgedunsen, Flüssigkeit trat aus ihm aus. Er musste schon stundenlang dort gelegen haben. Die Leute gingen an ihm vorbei und nahmen ihn gar nicht wahr.

2. Pakistan – das Land der Reinen

Jetzt wollen wir uns Pakistan, das Nachbarland Indiens, ansehen. Pakistan hat eine lange Geschichte mit Indien geteilt hat. Bis 1947 waren Pakistan und Indien ein Staat: Britisch-Indien. Pakistan ist eine künstliche Bezeichnung. Das Land hat den Namen mit seiner Entstehung bekommen und bedeutet: „Land der Reinen". Das hat religiöse Gründe. Dieses Land ist im August 1947 als *islamischer Staat* entstanden; seine Religion gab ihm seine einzige Rechtfertigung, als von Indien separates Gebilde zu entstehen. Seine Geschichte ist eine Geschichte des nahezu totalen Scheiterns. Während Indien in den bald 60 Jahren seiner Existenz eine leidlich funktionierende Demokratie hatte, konnte sich in Pakistan keine demokratische Ordnung etablieren, obwohl die Verfassung das vorsah. Dabei hatte Pakistan geschichtlich dieselben Voraussetzungen wie Indien. Bisher hat sich übrigens in keinem einzigen moslemischen Staat der Erde so etwas wie ein freiheitlicher Rechtsstaat mit demokratischer Ordnung durchsetzen können. Woran mag das wohl liegen?

Pakistan ist eine islamische Republik. An diesem Land kann man studieren, was es für Auswirkungen hat, wenn sich ein Land nach dem Koran oder nach dem islamischen Glauben konstituiert.

2.1. Islam: Allmacht versus Mündigkeit

Der Islam hat direkte Auswirkungen auf das Gesellschaftsleben, auf das Familienleben und auf das Zusammenleben innerhalb des Staates. Beim islamischen Gottesverständnis dominiert der Gedanke an die *Allmacht* Allahs. Das ist das wichtigste Merkmal des islamischen Gottes. In der Bibel lesen wir zwar auch, dass Gott allmächtig ist, doch das ist nicht seine einzige Eigenschaft. Der Gott der Bibel ist auch ein Gott der *Liebe und Gerechtigkeit*. Aber im Islam ist es so, dass die Allmacht Allahs alle anderen Eigenschaften verschlingt. Deshalb spielen Gerechtigkeit oder Gnade oder Licht und Liebe für islamisches Denken nur eine untergeordnete Rolle.

Die Allmacht Allahs bedeutet, dass Allah alles kann und darf. Er unterliegt keinerlei charakterlichen Beschränkungen. Darum heißt es auch mehrmals im Koran, dass Allah Menschen hintergehen darf. Er darf sie durch List hereinlegen. Die Bibel sagt hingegen: „Gott kann nicht lügen"

111

(Tit 1,2), der Islam sagt jedoch, Allah könne alles, auch lügen:

> „Und sie [die Ungläubigen] schmiedeten Listen, und Allah schmiedete Listen; und Allah ist der beste Listenschmied" (Sure 3,47).

Das ist konsequent islamisch gedacht. Allah ist bekanntlich wie der moslemische Boxer Mohammed Ali: der Größte. Und weil er Allah ist, muss er in allem der Größte sein, auch im Betrügen. Die Juden sind zwar, wie der Koran wiederholt zu sagen weiß, ganz große Listenschmiede, aber Allah übertrifft sie natürlich. Er ist auch alleinige Ursache und alleiniger Wirker aller Dinge, auch des sittlich Bösen. Nach islamischer Auffassung gibt es keine *causae secundae*, keine sekundären Ursachen außer der einen. Als die Medinenser sich nach der *Schlacht von Badr* ein Gewissen darüber machten, dass sie dort auf Geheiß des Propheten Freunde und Verwandte umgebracht hatten, antwortete dieser mit einer Instant-Enthüllung, die Allah dem durch solche Fragen bedrängten Propheten wie immer zu geben bereit war:

> „Nicht ihr habt sie getötet, sondern Allah hat sie getötet, und nicht du hast geschossen, sondern Allah hat geschossen" (Sure 8,17).

Mit dieser Sure weist *Ghazali*, der hervorragendste moslemische Gelehrte des 11. Jahrhunderts, nach, dass es außer Allahs Willen keinen anderen Willen geben kann, der Ursache irgendeines Geschehens sei.

> „So vermag der Blick desjenigen, der nicht durch Allahs Licht für den Islam geweitet ward, nicht zu erken-

nen, dass Allah der Bezwinger von Himmel und Erde ist, und dass er als der Machtausübende hinter allem steht ... "

Nach islamischen Verständnis gibt es nur einen Willen, der alles regiert. Letztlich gibt es nur den Willen Allahs; der Mensch hat überhaupt keinen eigenen Willen.[3] Wer etwas anderes annimmt, täuscht sich. Allah ist mithin die alleinige Ursache und der einzige Wille, den es wirklich gibt. Nach dem Koran ist Allah Urheber aller Dinge, auch des Bösen. So heißt es im Koran:

„Also führt Allah irre, wen er will, und leitet recht, wen er will" (Sure 74,34).

Darin liegt der unendliche Unterschied zwischen biblischer und islamischer Lehre. Nach biblischer Lehre ist Gott niemals Ursache und Urheber des Bösen: „Niemand sage, wenn er versucht wird: Ich werde von Gott versucht; denn Gott kann nicht versucht werden vom Bösen, er selbst aber versucht niemand. Jeder aber wird versucht, wenn er von seiner eigenen Begierde fortgezogen und

[3] Über die Freiheit beziehungsweise Unfreiheit des menschlichen Willens fochten die Reformatoren heftige Kämpfe mit der römischen Kirche aus. Das berühmteste Zeugnis dieses Kampfes ist Luthers glänzende Entgegnung an den führenden Humanisten, der der römischen Kirche treu gebliebenen ist, Erasmus von Rotterdam. Dieser hatte, der Lehre Roms folgend und auch den Ansichten des Humanismus stattgebend, den freien Willen des Menschen in *Diatribe de libero arbitrio* postuliert. Dem entgegnete Luther in *De servo arbitrio* mit der biblischen Wahrheit, der Mensch habe sehr wohl einen freien Willen: Er selbst wählte das ihm Zusagende, er wählte die Sünde, er wählte das Böse. Dazu ist er vollkommen frei; weder will Gott solches, noch nötigt ihn Gott dazu. Der Mensch ist aber nicht frei, Gott und sein Heil zu wählen, Gott und seinen Willen zu wollen; er ist, was das Heil betrifft, ein Unfreier, er ist ein Knecht der Sünde (Joh 8,34), unfähig zum Guten.

gelockt wird. Danach, wenn die Begierde empfangen hat, gebiert sie die Sünde; die Sünde aber, wenn sie vollendet ist, gebiert den Tod" (Jak 1,13–15). Gott ist zwar allmächtig, aber es gibt Dinge, die Er nicht tun kann. In der Religionsphilosophie sagt man „aus ontologischen Gründen" – Gott kann nicht aufhören, Gott zu sein, und das müsste Er, wenn Er lügen oder untreu werden sollte. Nun aber wissen wir: „Er bleibt treu, denn er kann sich selbst nicht verleugnen" (2Tim 2,13). Gott kann nicht lügen (Tit 1,2). Ähnliche Aussagen über Allah sucht man im Koran vergeblich.

Dieses Verständnis von der Allmacht Allahs, nämlich dass Allah alles tut und der Mensch eigentlich gar nichts kann und tut, führt zu dem, was jeder Beobachter islamischer Gesellschaften feststellt. Es herrscht ein bleierner Fatalismus, der über allem liegt, der jede Initiative erstickt. Das erlebt man bis in den Alltag hinein. Ich habe längere Zeit in Pakistan gelebt und dort die Sprache der Pakistaner (Urdu) gelernt. Trifft man mit jemandem eine Vereinbarung, sagt man etwa: „Morgen treffen wir uns hier um drei Uhr". Der Pakistani antwortet: „Ja ich komme, 'in schâ 'Allah – wenn Allah will". Nach zahlreichen Enttäuschungen gewöhnte ich mir an, ihnen darauf zu sagen: „Nein, nicht 'in schâ 'Allah, sondern du kommst". Wenn ein Pakistani eine Verabredung nicht einhält, ist es natürlich Allah gewesen, der es nicht gewollt hatte. Dieses Denken sitzt bis zu den Zehenspitzen in ihnen. Dieses einfache Beispiel zeigt, welche Auswirkungen der Koran auf das Denken und die Vorstellung der Menschen eines islamischen Landes hat. Wenn wir auf nicht eingehaltene Vereinbarungen anders reagieren, liegt das daran, dass die Bibel uns entsprechend gelehrt hat. Die Bibel lehrt uns, dass Gott allmächtig ist, aber auch, dass Gott uns Verantwortung gegeben hat. Gott hat Dinge in meine Hand gegeben, die ich tun muss, die ich nicht auf Gott abwälzen darf. Dieses Denken hat in den Ländern der Christenheit große Auswirkungen auf das gesellschaftliche Leben, auf die Haltung gegenüber dem Staat, gegenüber der Arbeit und allem, was das Leben ausmacht.

Der Basler Orientalist Emmanuel Kellerhals – er lebt nicht mehr – schrieb 1945 ein Buch über den Islam (*Der Islam*). Es ist ein ausgezeichnetes Buch, denn Kellerhals gehörte noch zu der Generation von Gelehrten, die eine Religion wie den Islam ganz bewusst aus christlicher Sicht beleuchteten. Das darf man heute gar nicht mehr, heute muss man der Illusion des neutralen Standpunktes huldigen, den es natürlich gar nicht gibt. Kellerhals schreibt:

„Für die islamische Frömmigkeit genügt der Traditionssatz: ‚Allah schuf den Menschen aus einem Erdenkloß, indem er ihn in zwei Teile brach, den einen in die Hölle warf und sagte: Diesen ins ewige Feuer – was kümmert's mich? – den andern aber in den Himmel, indem er sagte: Diesen ins Paradies – was kümmert's mich?'"

Das kommentiert Kellerhals so:

„Hier haben wir es deutlich nicht mehr mit dem biblischen Begriff der Allmacht, sondern mit dem philosophischen der Kausalitätslosigkeit zu tun."

Kausalitätslosigkeit, also Grundlosigkeit oder Ursachenlosigkeit, heißt auf gut Deutsch: absolute Willkür. Solche Ansichten sind nicht etwa bloße Theorien, wie ich aus häufigen Begegnungen mit Moslems auf dem indischen Subkontinent weiß, sondern sie prägen das Denken eines Moslems.

2.2. Allmacht und Schicksal

In einem Gespräch mit einem Freund über Religion fragte mich mein Gesprächspartner, ob Christen rauchen dürften. Ich antwortete, das sei keine Sache, die befohlen oder verboten wird. Dabei zündete er sich eine Zigarette an und sagte: „Eigentlich ist Rauchen Sünde, aber Allah hat mich so gemacht." Und er meinte das ganz ernst. Noch krasser war die Begegnung, die ich mit einem Mann in Bombay hatte. Ich saß in einem Hinterhof und unterhielt mich lange mit ihm. Währenddessen kamen immer wieder Leute zu ihm, und mein Gegenüber fischte jeweils etwas unter dem Bett hervor. Schließlich merkte ich, dass er Schnapsflaschen verkaufte, er war Schnapshändler. Das ist für einen Moslem ungefähr das Schlimmste, was es geben kann, mindestens so schlimm wie bei uns ein Heroindealer oder ein Zuhälter. Mein Gesprächspartner war bereits wegen Totschlags im Gefängnis gewesen. Er sagte zu mir: „Das ist mein Kismet. Das hat Allah so gewollt." Es ist kein Zufall, dass jeder Moslem wohl hundertmal am Tag „*in schâ 'Allah!* – wenn Allah will" sagt und dass auf Bussen und Lastwagen in Pakistan das Wort steht: „Ma schâ Allah – was Allah will".

Die Allmacht Allahs erklärt auch, warum der islamische Begriff für „Vertrauen" (arabisch *tawakkul*) sich nicht mit dem biblischen Begriff deckt. Wir vertrauen auf alles, was Gott gesagt hat, und haben dann die Gewissheit, dass Er

116

genau das tut, was Er gesagt hat. Das islamische Wort bedeutet: sich ins Unvermeidliche und Unbekannte ergeben. Der Moslem weiß nie, was Allah mit ihm vorhat. Allah lässt sich nicht in die Karten blicken; er gibt nichts von sich preis und kann tun, was er will. Er kann dich in den Himmel erhöhen, wenn er will, er kann dich auch in die Hölle werfen, wenn er will.

Der fromme Moslem ist daher im Idealfall in den Händen Allahs „wie die Leiche in den Händen des Leichenwäschers", wie eine islamische Tradition sagt. Das ist für uns ein ganz abstoßender Vergleich. Aber das ist islamische Idealvorstellung. Wir sprechen manchmal von Kadavergehorsam, einer Haltung die der Bibel fremd ist. Er erinnert uns mehr an den Gehorsam jesuitischer Schule. Der *Jesuit* und damit auch der Katholik – niemals aber der Christ – darf ja auch im Dienst der Sache und auf Befehl hin lügen; er soll idealerweise wie ein Wachskügelchen in der Hand seines Priors sein.

2.3. Allmacht und Rechtsstaatlichkeit

Angesichts solcher religiöser Vorstellungen, die den Menschen zur Marionette in der Hand einer fremden und unbekannten Macht degradieren, kann es nicht verwundern, dass islamische Staaten despotisch sind. Unterwerfung unter den Despoten ist Unterwerfung unter Allah. Nur sein Wille bestimmt alles.

Für islamische Vorstellungen übt Allah in der Weise seine Macht aus, dass der Herrscher im Staat oder der Herrscher der islamischen Gemeinde alle Macht hat, weil Allah ihn zum Herrscher gemacht hat. In der Familie hat der Ehemann und Vater die Macht über alle anderen, weil Allah ihm diesen Rang gegeben hat. So ist der Islam eine Religion der Macht, der Allmacht Allahs. Das überträgt sich auf das gesellschaftliche Leben und auf das Familienleben. Es gibt nicht ein einziges islamisches Land, das in der Weise freiheitlich geworden wäre wie die europäischen Länder. Sogar die Türkei, die einer freiheitlichen Ordnung noch am nächsten kommt, ist im Grunde eine Militärdiktatur.

2.4. Allmacht und Menschenrechte

Die Allmacht Allahs schließt jede Forderung nach Menschenrechten aus. Islamisches Denken kann keine Menschenrechte im liberalen, wir können auch sagen europäisch-christlichen Sinn dulden. Der Islam kann daher seinem ureigensten Wesen nach nicht tolerant sein. Er ist auf Alleinursächlichkeit und daher Alleinherrschaft angelegt.

Einer der größten Historiker neuerer Zeit, der Schweizer *Jakob Burkhardt* (1818–1897), kommt in seinen *Weltgeschichtlichen Betrachtungen* zu dem absolut richtigen Ergebnis, der so typische moslemisch-orientalische Despotismus gehe auf den Islam zurück, der

> „seine ganze Kultur wesentlich beherrscht, bedingt und färbt".

Hierhin gehört auch die Feststellung, dass der Moslem nicht anders denkt und urteilt, als er es von seinem nach Allah zweiten großen Vorbild, vom Propheten Mohammed, gelernt hat:

118

„Wir müssen uns Muhammed als einen energischen, listigen und hartnäckigen Politiker vorstellen. Der Erfolg des Islam beruhte auf dem Krieg für die gute Sache (so ließe sich Djihad übersetzen). Er war nicht nur Ausdruck einer mystischen Erfahrung wie bei anderen Religionen, sondern das Ergebnis eines militärischen Sieges über die Mekkaner, oder vielmehr einer Reihe von Siegen, überwundenen Niederlagen, Razzien und sogar Massakern, wie das an dem jüdischen Volk, das sich in Medina Muhammads Zielen widersetzte. Muhammed ist der einzige Religionsgründer, der auch Eroberer war: Warum sollte man das vergessen?" (Jean–Claude Barreau, *Die unerbittlichen Erlöser. Vom Kampf des Islam gegen die moderne Welt,* S. 35).

2.5. Allmacht und Familie

Wir können kaum begreifen, wie ein ganzes Volk wie der Irak einem grausamen Tyrannen wie Saddam Hussein einfach ergeben sein konnte. Doch das ist islamisches Denken. Der Präsident ist einfach das Haupt, er ist der *Rais*, und dem *Rais* muss man folgen. So hat es Allah verfügt.

Dasselbe gilt auch für die Familie. In der Familie ist der Ehemann und Vater das, was das Staatsoberhaupt für den Staat ist: der Alleinherrscher. Die Unterdrückung der Frau in der islamischen Welt ist zu offenkundig, als dass man sie bestreiten könnte. Die Frage ist nicht, *ob* die Frau unterdrückt wird, sondern *wie weit* sie unterdrückt wird. Der Islam entwürdigt die Frau in einem für den protestantisch-abendländischen Menschen unbegreiflichen Maß. Deshalb zitiere ich einige Auszüge aus dem Buch von Christoph Bürgel, der in Bern Orientalistik lehrt und vor einigen Jahren in dem Buch *Allmacht und Mächtigkeit – Religion und Welt im Islam"*, erschienen im renommierten Verlag C.H. Beck, München, schrieb:

„Später treffen wir in frommen Traktaten die Feststellung, von 1000 Männern kämen in der Regel 999 ins Paradies, von 1000 Frauen 999 in die Hölle."

„Ghazali, der überragende islamische Lehrer des 11. Jahrhunderts, betont in seinem ‚Buch über das Heiraten' die Gehorsamspflicht der Frau mit folgenden Worten: ‚die Ehe ist eine Art Gefangenschaft (*riqq*), denn sie ist seine Sklavin (*raqiqah lah*). Sie ist zu absolutem Gehorsam verpflichtet in allem, was er von ihr verlangt, soweit keine Sünde darin liegt.'"

Zur Illustration erzählt er folgende erbauliche Geschichte:

„‚Ein Mann war auf Reisen gegangen und hatte seine Frau verpflichtet, nicht vom Oberstock herabzusteigen. Als ihr Vater, der unten wohnte, erkrankte, sandte sie zum Propheten und bat ihn um Erlaubnis, hinabsteigen zu dürfen. Er aber sprach: Gehorche deinem Gatten! Als dann ihr Vater begraben war, ließ ihr der Prophet bestellen: Gott habe ihrem Vater verziehen wegen ihres Gehorsams gegenüber ihrem Gatten.'

Ghazali versorgt seinen Leser mit weiteren eindeutigen Aussagen des Propheten: Einer Witwe, die sich wieder verheiraten wollte und sich bei Muhammad nach den Rechten des Mannes erkundigte, antwortete er: ‚Zu den Rechten des Mannes über seine Frau gehört es, dass, wenn er nach ihr begehrt und um sie wirbt, sie sich nicht verweigern darf, und läge sie auf dem

Rücken des Kamels. Sie darf aus seinem Haus nichts weggeben ohne seine Erlaubnis; tut sie es doch, so hat sie die Last und er den Lohn ... Wenn sie ihr Haus verlässt ohne seine Erlaubnis, verfluchen sie die Engel, bis sie zurückkehrt und Reue tut.' Bedurfte es noch einer Bestätigung, dass der Mann der Frau gegenüber eine nahezu göttliche Stellung einnimmt, so lieferte sie das folgende Hadith: ,Würde ich einem Menschen befehlen, vor einem anderen niederzufallen, so würde ich der Frau befehlen, vor ihrem Gatten niederzufallen wegen der Gewalt, welche er über sie hat.'"

Jetzt verstehen wir, warum islamische Frauen auch hier in Europa (fast) immer zu Hause sind. Sie wagen nicht, aus dem Haus zu gehen, wenn der Mann es verbietet. Für uns ist das kaum vorstellbar. So hat diese Religion sehr große Auswirkungen auf das Denken der Menschen, auf das Leben der Öffentlichkeit, auf das staatliche Leben und auf das Familienleben. Eine Gesellschaft ohne Bibel sieht ganz anders aus als eine Gesellschaft, die das Vorrecht und den Segen über Jahrhunderte gehabt hat, von der Bibel geprägt worden zu sein.

Dem Bibelleser fallen reihenweise Bibelstellen ein, die in der Wertschätzung der Frau die unendliche Distanz zwischen Bibel und Koran offenbaren. Muss die islamische Frau ihrem islamischen Herrn fraglos zu Willen sein, so sagt das Neue Testament, wo es um den geschlechtlichen Umgang zwischen Mann und Frau geht: „Die Frau hat nicht Macht über ihren eigenen Leib, sondern der Mann; ebenso aber hat auch der Mann nicht Macht über seinen eigenen Leib, sondern die Frau" (1Kor 7,4). Niemand verfügt über den anderen, oder jeder verfügt über den anderen. Es ist keine Einbahnstraße. In der Geschichte von David findet sich das Beispiel jener tapferen, als Vorbild dargestellten Frau, die gegen den Willen ihres Mannes David und seine Leute mit Proviant versorgt. Abigail verlässt ihr Haus und reitet David entgegen (1Sam 25). Abigail ist hier ein Vorbild für die christliche, gottesfürchtige Frau, die nach ihrem Gewissen vor Gott handeln muss; wenn ihr Mann sündigt, folgt sie ihm nicht, sondern widersteht ihm.

Der biblische Bericht von der Erschaffung von Mann und Frau lässt uns erstens verstehen, dass der Mensch nur als „Mann *und* Frau" Bild und Gleichnis Gottes sein konnte (1Mo 1,27). Gerade die Erschaffung der Frau lässt uns ihre Würde begreifen. Der große puritanische Bibelausleger Matthew Henry, der vor 300 Jahren seinen sechsbändigen Kommentar über alle Bücher der Bibel schrieb, erläutert zu 1. Mose 2,22:

> „Wir sehen hier: Die Frau wurde aus der Rippe, das ist aus der Seite Adams erschaffen; nicht aus seinem Haupt, dass sie über ihn herrsche, noch aus seinen Füßen, dass er sie mit Füßen trete, sondern aus seiner Seite, dass sie ihm gleich sei, unter seinem Arm, um geschützt zu werden, nahe seinem Herzen, um von ihm geliebt zu werden, aus ihm, dass sie ihm allezeit fehle."

Oder denken wir an eine Episode im Leben Abrahams in 1. Mose 21. Dort wollte Abraham Ismael behalten, doch Sara sagte nein und wollte ihn wegschicken. Dann greift Gott ein und sagt zu Abraham: „Höre auf deine Frau". Die Bibel gibt uns solche Vorbilder, damit wir als Ehemänner lernen, auf unsere Frauen zu hören.

Das ist eine ganz andere Sache, als wenn ein Mann mit dem Bewusstsein erzogen ist und heranwächst: Ich bin hier der Chef und der Herr, und ich befehle. Es ist furchtbar und entsetzlich, was für eine Menschenverachtung darin zum Ausdruck kommt.

2.6. Biblisches und islamisches Arbeitsethos

Nun noch ein Wort zum biblischen und zum islamischen Arbeitsethos. Jedem Orientreisenden fällt der behaglich anmutende Schlendrian im öffentlichen Leben auf; wer aber unter solchen Umständen zu leben und zu arbeiten hat, weiß, dass er ein Fluch ist. Er ist ein weiteres Erbe des Propheten des Islam:

> „Ganz selbstverständlich ist Muhammads Lehre von Verachtung für die Landarbeit geprägt."

> „In den Evangelien hingegen spielt die Landwirtschaft eine zentrale Rolle. Jesus spricht über die Weinlese, Winzer, Ölpressen, den Sämann und gute Verwalter. Nichts von alledem im Koran. Üppige Ernten erscheinen niemals als Frucht menschlicher Arbeit, sondern ausschließlich als Ausdruck des Willens Allahs.

> Als Muhammad eine Pflugschar sah, sagte er gemäß einem berühmten Hadith: ‚Die hier wird niemals in das Haus der Gläubigen gelangen, ohne dass nicht gleichzeitig Erniedrigung geschähe.'" (Xavier de Planhol, zitiert in: Barreau: *Die unerbittlichen Erlöser*).

Körperliche Arbeit ist nach islamischer Vorstellung erniedrigend, ehrenwert ist nur Besitzen, Befehlen und

123

Geschäfte machen. Von der Bibel her versteht der Christ hingegen, dass jede Arbeit dadurch geadelt ist, dass Gott dem Menschen den Auftrag gegeben hat, den Erdboden zu bebauen und sein Brot im Schweiß seines Angesichts zu essen. Fleiß bei der Arbeit ist echter Gottesdienst. Wir betrachten unsere Arbeit und unsere Aufgaben in der Gesellschaft als von Gott gegeben. Daher ist die Bibel voll von solchen Gleichnissen und Beispielen für Fleiß, von Bauern, die pflügen und säen, von Fischern usw. Das prägt das Denken eines bibellesenden Volkes. Für sie ist Arbeit nichts Unwürdiges.

Das biblische Urteil über die Arbeit ist von der islamischen Einstellung zur Arbeit Lichtjahre entfernt. Gott berief seine Propheten und Knechte, während sie *bei der Arbeit* waren, angefangen von Mose über Saul und David bis hin zu den Aposteln. Gott gibt Saat und Ernte, wie Er verheißen hat, ja; aber der Mensch wird die Frucht der Arbeit nur im Schweiß seines Angesichts essen (1Mo 3,19). Unser Herr war als der vollkommene Mensch während Jahrzehnten, bevor Er seinen öffentlichen Dienst anfing, ein *Handwerker*. Die Apostel lehrten die Gläubigen allenthalben, mit ihren Händen zu arbeiten, um niemandem zur Last zu fallen, sondern vielmehr den Bedürftigen mitteilen zu können (Eph 4,28; 1Thes 4,11). Darin gingen sie selbst mit gutem Beispiel voran (1Thes 2,9). Wer nicht arbeiten wollte, der sollte auch nicht essen (2Thes 3,10).

Unser größtes Vorbild ist unser Herr selbst, der Knechtsgestalt annahm und im Betrieb seines Vaters arbeitete. Er hat die Arbeit geadelt. Er sagte von sich selbst: „Denn auch der Sohn des Menschen ist nicht gekommen, um bedient zu werden, sondern um zu dienen und sein Leben zu ge-

ben als Lösegeld für viele" (Mk 10,45). Wo diesem Wort
der Bibel geglaubt wird, wo es gelesen wird und Einfluss
auf die Gesellschaft hat, wird eine Gesellschaft zum Guten geprägt. Wo dieses Wort keinen Einfluss hat, ist es mit
Händen zu greifen, wie all das fehlt, was uns durch die
Bibel selbstverständlich geworden ist.

3. Fragen aus dem Publikum

**Wie denken Hindus über die Ewigkeit und über das Le-
ben nach dem Tod?**

Es gibt im Hinduismus gewisse Vorstellungen von Himmel und Hölle. Diese Vorstellung ist wohl in allen Religionen zu finden. Die Frage ist immer, wie stark ein
solches Denken das Urteilen beeinflusst und regiert. Die
Vorstellung von Himmel und Hölle spielt im Hinduismus
eigentlich keine große Rolle, denn der Hindu glaubt an
Wiederverkörperung. Die Idee von der Seelenwanderung
zeigt, dass der Hindu gar nicht von der Erde loskommen
will. Er möchte hier immer wieder geboren werden. Das
ganze Denken des Hindu ist davon geprägt, wie es ihm
jetzt hier ergeht und wie er auf der Erde glücklich werden
kann. Deshalb spielt die Sache mit dem Jenseits kaum eine
Rolle.

**Wie verhält ein Hindu sich gegenüber seiner Familie,
wenn er sich bekehrt? Muss er sich völlig distanzieren?**

Es wird gewisse Konsequenzen haben, aber nicht, dass er
flüchten oder sich verstecken muss, weil er sonst umge-

bracht würde, wie das bei Moslems der Fall ist. Ich weiß von einigen Beispielen, wo es eine gewisse Zeit dauerte und der Bekehrte eine Zeitlang nicht gern zu Hause gesehen wurde, aber dann hat sich das beruhigt, und er konnte wieder nach Hause gehen. Das Verhältnis ist bei weitem nicht so gespannt wie beim Islam. Es kommen auch viel mehr Hindus als Moslems zum Glauben.

Können Sie etwas zu der Situation im Irak sagen, zum Begriff Bushs von der „Achse des Bösen", zum religiösen Hintergrund und zu möglichen religiösen Auseinandersetzungen in der Zukunft?

Zur „Achse des Bösen" gehört auch Nordkorea, also ein atheistischer Staat. Wer will von außen beurteilen, wie weit der Kampf gegen den Terrorismus bei Bush religiös, amerikanisch-patriotisch oder nur wirtschaftlich motiviert ist? Ich wage keine Behauptungen, weil man nicht weiß, wem man im Stimmengewirr der Medien glauben kann.

Stimmt es, dass sich in der untersten Kaste Indiens Tausende bekehrt haben? Und gibt es wirklich ein Antibekehrungsgesetz?

Zehntausende von Unberührbaren haben sich in den letzten Jahren vom Hinduismus abgewandt und sich entweder dem Buddhismus oder dem Christentum zugewandt. Es gab tatsächlich ein Bekehrungsverbot in zwei Teilstaaten Indiens, und auch in Nepal. Nepal ist ein hinduistisches Königtum, und das relativiert ein wenig die Vorstellung von der großen Toleranz der Hindus. Dennoch ist der

Hinduismus viel toleranter als der Islam. Als Christ fühlt man sich in Indien nicht bedroht. In einem islamischen Land fühlt man sich als Christ beständig unter Druck und manchmal bedroht. Die gegenwärtige Regierung in Indien ist die Bharati-Janata-Partei, die hinduistisch ist und sehr darauf aus ist, den Hinduismus zu stärken. So sind auch einige Dinge in letzter Zeit passiert, die aufhorchen lassen.

Strebt der Islam die Weltherrschaft an?

Der Islam ist eine auf Welteroberung angelegte Religion. Mohammed verstand sich als der Gesandte Allahs. Allah und der Islam müssen die Welt erobern. Der Islam teilt die Welt in zwei Hälften ein: Das „Haus des Islam" (*Dar ul-Islam*), das ist dort, wo der Islam schon herrscht, und der Rest der Welt heißt „Haus des Krieges" (*Dar ul-Harb*), das ist der Teil der Welt, der noch durch Krieg für den Islam gewonnen werden muss. Das ist ähnlich wie beim Kommunismus. Der Kommunismus war eine atheistische Religion, die ebenfalls die Weltherrschaft anstrebte. Der Islam argumentiert sehr ähnlich. Der Sozialismus hat immer vom Weltfrieden geredet. Weltfrieden bedeutete Weltrevolution und weltweite Herrschaft des Kommunismus. Auf Plakaten in der früheren DDR konnte man häufig den Spruch lesen: Je stärker der Sozialismus, desto stärker der Friede.

Der Islam sagt zwar, er sei tolerant. Das Schlagwort der Islamischen Heilsfront in Algerien war: „Der Islam ist die Toleranz." Doch islamische Toleranz ist etwas ganz anderes als das, was wir unter Toleranz verstehen. Islamische

Toleranz bedeutet, dass der Islam herrscht und dass man alle Untergebenen, die nicht Moslems sind, lediglich leben lässt. Im islamischen Zivilgesetz ist genau reglementiert, welche Rechte der Moslem und der Nichtmoslem in einem islamischen Staat oder Reich hat. Wenn die Moslems Israel erobern würden und Israel islamisch würde, dürften die Juden zwar Juden bleiben, aber als Bürger 2. Klasse. Man würde sie einfach leben lassen.

Welchen Stellenwert hat der Islam in der endzeitlichen antichristlichen Welt? Der Islam soll in 30 Jahren die größte Religion in Deutschland sein?

Vielleicht ist der Islam bald die größte Religion in Deutschland, wenn es weiterhin so viele Kirchenaustritte gibt. Ich versuche das Phänomen biblisch zu bewerten. Keine Macht kann ohne Gott aufkommen und Einfluss gewinnen. Es ist Gott, der dafür sorgt, dass diese Religion jetzt erstarkt. Ich halte das für eine Zuchtrute in der Hand Gottes, so wie der Assyrer die Zuchtrute in der Hand Gottes war, um Israel zu schlagen (Jes 10).

Das endzeitliche Weltreich, das alles dominieren wird, wird Europa sein, soweit ich das prophetische Wort richtig verstehe. Europa wird dann mit Israel verbündet sein. Israel wird ein Schutzbündnis mit dem wiedererstandenen Römischen Reich, mit Europa, eingehen. Außerdem spricht Daniel 11 von einem König des Nordens und einem König des Südens; das sind zwei nichteuropäische Mächte. Ferner berichtet Offenbarung 16 von Königen vom Aufgang der Sonne, also fernöstlichen Mächten. Der König des Nordens und der König des Südens sind wahrscheinlich arabische und islamische Staaten, von denen auch Offenbarung 9 und 16 handelt. Diese Staaten werden die Zuchtrute sein, um Israel für den furchtbaren Frevel zu züchtigen, dass sie dort im Heiligtum das Bild des Tieres aufstellen werden. In Daniel 9,27 heißt es dazu: „Und wegen der Beschirmung der Gräuel wird ein Verwüster kommen". Dieser Verwüster werden die islamischen Länder sein, vielleicht verbündet mit Indien und mit China. Nach meiner Auffassung besteht die Rolle des Islam bis zum Ende darin, eine Zuchtrute in der Hand Gottes zu sein, aber ich kann im Wort Gottes nicht erkennen, dass der Islam die Weltherrschaft erringen wird.

Der Islam erzeugt so etwas wie eine Massenpsychose, die die Mohammedaner gefangen hält. Keiner wagt auszubrechen; in der islamischen Gemeinschaft haben alle Angst voreinander. Irgendwann wird der Herr das Gefängnis jedoch noch öffnen, vielleicht in der großen Drangsalszeit. Nach Offenbarung 7 kommen ja in dieser Zeit so viele Menschen aus allen Völkern und Nationen zum Glauben, dass man sie nicht zählen kann. Vielleicht kommt dann die Stunde, wo der Islam einbricht. Wir beten, hoffen und arbeiten natürlich daran, dass das schon vorher geschieht.

Wie ist es mit Babylon als Weltwirtschaftsmacht? Das alte Babylon liegt heute in der islamischen Welt.

Das historische Babylon war eine Weltmacht, aber es gibt heute keine einzige islamische Weltmacht. Die islamischen Staaten sind zweit- oder drittklassige Mächte, auch der Irak. Das Babylon in Offenbarung 17 und 18 ist etwas ganz anderes. Wir dürfen nicht vergessen, dass das Wort

Babylon schon bei den alttestamentlichen Propheten nicht nur für das historische Babylon steht, wie man bereits in Jesaja 10 und 13 sieht. Als ich das letzte Mal Jesaja durchlas, habe ich diese Stellen eigens notiert, in denen deutlich wird, dass die Begriffe Assyrien und Babylon mehrere Male austauschbar sind. Sie sind beide Platzhalter für Großmächte, die die Eigenschaften der antiken Babylonier oder Assyrer haben. So wird nach meiner Überzeugung deutlich, dass schon in den Weissagungen Jesajas Babylon nicht mehr für eine bestimmte politische Größe steht, sondern schon eine Macht ankündigt, die erst erstehen wird. Babylon steht für den Feind, der Israel am Ende noch einmal bedrängen, erobern und zerstören wird, wie es einst das historische Babylon getan hatte. Im Neuen Testament steht Babylon für die Mutter aller Gräuel und Hurereien, die je auf der Erde geschehen sind, ein religiöses System, das auf dem Tier sitzt. Das Tier ist das wiedererstandene Römische Reich. Entsprechend ist das Babylon von Offenbarung 17 und 18 eine europäische religiöse und wirtschaftliche Macht.

Reicht das Gebiet des Römischen Reiches nicht bis in den Orient hinein?

Man kann sich ja grundsätzlich fragen, ob das wiedererstandene Römische Reich wieder die Grenzen haben wird, die das Römische Reich zur Zeit seiner größten Ausdehnung hatte, oder ob es mehr der kulturelle Erbe Roms sein wird. Das kann man von Europa sicher sagen, doch wie weit die geografischen Grenzen reichen, das kann man wohl nicht mit Sicherheit sagen. Israel bildete den östlichen Rand des Römischen Reiches, umfasste eine Zeitlang auch Syrien und hörte im Zweistromland auf. In Offenbarung 9 und 16 wird vom Euphrat als von einer Art Grenze gesprochen. Ich halte es für möglich, dass es wiederum die Ostgrenze des wiedererstandenen Römischen Reiches sein wird.

Warum gehen jetzt alle Politiker zum Papst nach Rom?

Die einzelnen Gründe weiß ich nicht, aber der Papst und die römische Kirche haben in den letzten Jahrzehnten sehr an Prestige gewonnen. Es ist für einen Politiker immer eine gute Sache, mit dem Papst in der Öffentlichkeit gesehen zu werden. Vielleicht treffen sie auch Vereinbarungen und führen Gespräche, die nicht publiziert werden. Das interessiert mich nicht so sehr. Alles, was wir wissen müssen, um unseren Weg zur Ehre Gottes und zum Wohl der Mitmenschen durch die Welt zu gehen, hat uns Gott offenbart. Was beunruhigen uns mögliche Geheimabkommen unter den Mächtigen der Welt?

Ich bin übrigens sehr dankbar für den gegenwärtigen Papst und für die katholische Kirche. Das muss ich etwas näher erklären. Wir können froh sein über einen konservativen Papst und darüber, dass die katholische Kirche öffentlich noch Homosexualität verurteilt, Frauenordination noch ausschließt und Abtreibung ablehnt. Die katholische Kirche hat sehr viel Macht und Einfluss, und solange sie sich für diese ethischen Werte einsetzt, die auch wir vertreten, kann man uns nicht belangen. In der Weise schützt der Papst uns, ohne es zu wollen. Wenn diese Instanz, die wirklich eine wirtschaftliche Macht ist, noch eine solche Position einnimmt und öffentlich diese Meinung vertritt, kann man noch keine Gesetze gegen Leute erlassen, wie wir es sind. Es gibt manche in Deutschland und anderen

Ländern Europas, die uns mit Gesetzen, Verordnungen und Verfügungen unschädlich machen wollen, weil wir über Abtreibung, Frauenfragen und Homosexualität zum Zeitgeist quer stehen.

Können Palästinenser und Israeli überhaupt in Frieden miteinander kooperieren?

Vielleicht ist es beim jetzigen Klima nicht mehr möglich, aber es wäre schon gegangen. Man hätte schon lange eine pragmatische Lösung finden können, mit der alle ziemlich zufrieden gewesen wären, aber jetzt ist das fast nicht mehr möglich. Die beste Lösung wäre gewesen – dann hätten wir schon fast 40 Jahre Frieden im Nahen Osten –, wenn Israel nach dem Sechstagekrieg die so genannten besetzten Gebiete annektiert und zum Staatsgebiet Israels erklärt hätte. Dann hätte man zwar einige Monate geschrien, doch dann wäre Ruhe gewesen und alle wären glücklich. Dann ginge es allen besser. Den Palästinensern ginge es gut, die Israelis hätten Ruhe. Aber die UNO hat auch dort erfolgreich, wie in fast allen Weltgegenden, wo sie agiert, Frieden verhindert.

Bis zum Ende des 2. Weltkrieges war es so, dass es bei Kriegen zwischen Völkern einen Sieger gab und der Sieger den Frieden bestimmte; und dann war auch Frieden. Wenn das nicht so gewesen wäre, hätten wir in Europa seit dem 2. Weltkrieg keinen Frieden gehabt. Die Siegermächte haben den Frieden diktiert. Das war für manche bitter. Ich denke an meine Heimat Finnland. Die Finnen wurden von den Russen der Kriegsschuld bezichtigt, und so hat Finnland Russland einen erheblichen Teil seines

Landes abtreten müssen. Der Friede wurde diktiert, der Friede wurde angenommen, und letztlich war es für alle Beteiligten besser. Genauso hätte es auch in Israel sein müssen, dass der Sieger den Frieden bestimmt. So haben es zivilisierte Völker seit Jahrtausenden gemacht, doch die UNO hat das erfolgreich verhindert. Sie ist in Tat und Wahrheit eine unmenschliche Organisation, die Kräfte bindet, Gelder verschlingt und Frieden verhindert. Dank der UNO ist es in den letzten 40 Jahren im Nahen Osten immer schlimmer geworden.

Wie kann man Hindus und Moslems am besten mit dem Evangelium erreichen?

Nach meiner Erfahrung muss man ihr Vertrauen gewinnen und einfach Freundschaft pflegen. Dann kann man ihnen einiges vom Herrn sagen und miteinander die Bibel lesen. Ich besuche schon länger einen iranischen Freund. Meine Frau lernte zuerst seine Frau kennen, und wir haben ihnen als Familie geholfen. Das öffnet Herzen, und dann muss man einfach Geduld haben. Es hat meistens keinen Wert, mit Fragen zu beginnen wie: Ist Jesus Gottes Sohn? Wir müssen ihnen einfach Zeit lassen und etwas von uns selbst, von unseren Erfahrungen mit dem Herrn erzählen.

Inwieweit sollte man bei einer Freundschafts-Evangelisation die Schriften des Islam kennen?

Es ist natürlich immer gut, wenn man den Islam kennt, weil man dann besser weiß, was in den Menschen vor-

133

geht, aber das ist keine Vorraussetzung dafür, dass man jemanden für den Herrn gewinnt. Manches lernt man eben durch den Umgang mit Moslems. Ich habe das meiste über den Islam durch Gespräche mit Moslems gelernt.

Wie unterscheidet sich der Hintergrund der Kurden und der des Islam?

Es gibt Kurden, die Aleviten sind, die sich zwar als Moslems verstehen, und doch sind sie sehr verschieden von Sunniten und Schiiten. In ihrer Religion finden sich auch Anschauungen aus anderen Religionen. Dadurch ist der Islam aufgebrochen, denn sobald man etwas neben dem Koran und dem Propheten Mohammed zulässt, hat der Islam seine Macht verloren. Entsprechend gelten die Aleviten bei den Moslems als Kafir, als Ungläubige.

Die Bibel und der Islam

Wir wollen uns nun mit dem Islam im Licht der Bibel beschäftigen. Damit ist schon ausgedrückt, dass ich ganz bewusst als Bibelleser und Bibelgläubiger versuchen werde, diese besondere Religion zu beleuchten. Ich habe bereits gesagt, dass man immer einen Standpunkt braucht, wenn man irgendein Phänomen, eine Erscheinung oder eine Lehre überdenken will. Es ist gut, wenn wir uns darüber klar werden, von welchem Standpunkt aus wir eine Sache untersuchen und messen wollen. Wir wollen also den Islam an der Bibel messen.

Ich möchte zunächst einige wenige Dinge über das vorislamische Arabien sagen, weil das für das Verständnis der Entstehung des Islam wichtig ist. Der Islam hat manches aus dem vorislamischen Arabien in sein Glaubens- und Pflichtsystem eingebaut. Dann wollen wir einen kurzen, streiflichtartigen Blick auf das Leben Mohammeds werfen. Wichtig ist dabei die Episode, bei der er seine erste Offenbarung empfing, und die Auseinandersetzung mit den Juden, von denen er sehr viel übernahm. Danach wollen wir uns die Glaubenslehre Mohammeds ansehen, dann die Pflichtenlehre Mohammeds und dazu als einen Unterpunkt den so genannten „Heiligen Krieg", der uns verständlicherweise besonders interessiert. Zum Schluss wollen wir all das mit den Aussagen der Bibel vergleichen.

1. Das vorislamische Arabien

Steinfetischismus

Das vorislamische Arabien war teils animistisch. Man glaubte, Geister wohnten in auffällig geformten Steinen, in Bergen, in Tieren, in Bäumen, in Oasen oder in Wasserquellen. Ein wichtiges Ritual, das die Beduinen kannten, war das Umkreisen des Steines, um dessen Kraft zu bannen; ferner Betasten und Küssen des Steines, um von dessen Kraft zu empfangen.

Sternenkult

Der Sternenkult war sehr verbreitet, es gab eine Gottheit, die hieß al-'Uzzah, eine Tochter des arabischen Hochgottes Allah. Allah war der höchste in einem großen Heer von verschiedenen Göttern und Gottheiten. Al-'Uzzah entspricht der römischen Venus und damit der babylonischen Ischtar, und diese wurde stets symbolisch als Stern dargestellt. Astrologie und Wahrsagerei ist in jedem islamischen Land bis heute sehr verbreitet. Auffälligerweise sind Stern und Mond die beiden Symbole des Islam, was eben ein Erbe aus dem vorarabischen Sternenkult ist.

Wallfahrten

Dann gab es Wallfahrten zu einigen Zentren, wo die besondere Gegenwart Gottes vermutet wurde. Das wichtigste Heiligtum der arabischen Stämme war die Ka'aba in Mekka. Der Stamm der Kureisch, aus dem Mohammed stammte, war der Hüter dieses Heiligtums, das der Prophet des Islam später zum Zentralheiligtum seiner Religion erklärte.

Allah, Herr der Ka'aba

In der Ka'aba stand u. a. das hölzerne Idol *Hubal* = Allah = „Herr der Ka'aba". Der arabische Name Allah ist gebildet aus dem Hauptwort *al'Ilah* = „der Gott". Dieser Allah war schon vor Mohammed das höchste Wesen, dem alle übrigen Götter untertan waren. Somit war er das, was die Religionswissenschaft einen Hochgott nennt. Drei mekkanische weibliche Gottheiten *Manat* (Schicksal), *al–Lat* (die Göttin) und *al–'Uzzah* (die Starke) galten als Töchter Allahs; als solche hat sie Mohammed zuerst auch gelten lassen (Sure 53,19–23). „Herr der Ka'aba" ist immer noch der Titel Allahs im Koran.

2. Das Leben und Wirken Mohammeds

Geburt Mohammeds

Mohammed („der Gepriesene") wurde ca. 570 n. Chr. in Mekka geboren. Es ist wichtig zu beachten, dass der Islam die einzige nachchristliche Weltreligion ist, denn das erklärt seine direkt gegen das Christentum gerichteten Lehrsätze. Mohammeds Vater hieß Abd Allah („Knecht Allahs"). Die Glaubenslehre Mohammeds zeigt, dass der Islam als eine direkte Herausforderung an das Judentum und das Christentum gemeint ist.

Heirat

Im Alter von 25 Jahren heiratete Mohammed *Chadidja*, eine 15 Jahre ältere reiche Kaufmannsfrau. Er bekam von ihr sechs Kinder und scheint ihr in warmer Liebe angehangen zu haben. Solange sie lebte, nahm er sich keine weiteren Frauen.

Begegnung mit Christen

Im Zuge seiner Handelsreisen, die er im Auftrag seiner Frau unternehmen musste, begegnete er jüdischen Stämmen, die dort schon seit 1000 Jahren lebten, und Christen. Auf der arabischen Halbinsel bestanden christliche Gemeinden; ein Vetter der ersten Frau Mohammeds war Christ. Ein christlicher Mönch weissagte dem zwölfjährigen Mohammed eine große Zukunft. Das Christentum war Mohammed nicht unbekannt; und das wird aus allem, was der Koran über Jesus, die Jünger Jesu und die Christen sagt, deutlich. So finden sich viele Dinge im Koran, die der Christ aus der Bibel kennt, vieles ist allerdings entstellt, manche Verwechslungen liegen vor, so beispielsweise die Verwechslung von Mirjam, der Schwester Moses, mit Maria, der Mutter Jesu (Sure 66,12), also ein offensichtlicher Anachronismus. Eine Episode aus dem Leben Gideons findet sich in etwas entstellter Form auch im Koran, wird aber mit König Saul in Verbindung gebracht (Sure 2,250); die Vision des Petrus von Apostelgeschichte 10 verfließt in einer krausen Schilderung von einem vom Himmel herabkommenden Tisch mit der Einsetzung des Abendmahls durch den Herrn (Sure 5,112–115). Man merkt also, dass er manches von Christen und Juden gehört und dann in sein System einverleibt hat.

138

Erste Offenbarung

Als Mohammed 40 Jahre alt war, überkam ihn ein in seinem Alter übliches Phänomen: Er hatte in Mekka eine Art Lebenskrise, zog sich in die Wüsteneien zurück und meditierte. Da erschien ihm der Engel Dschibrail (arabische Aussprache des biblischen Gabriel, im Arabischen gibt es kein „G", man spricht es als „dsch") und befahl ihm: „Lies!" Ich zitiere jetzt aus der Biographie des ersten Biographen Mohammeds, eines frühen Anhängers und ihn überlebenden Zeitgenossen, Ibn Ishaq. Er schreibt Folgendes zur ersten Offenbarung, die Mohammed empfing:

> „Als ich schlief, so erzählt der Prophet später, trat der Engel Gabriel zu mir mit einem Tuch wie aus Brokat, worauf etwas geschrieben stand, und sprach: ‚Lies!'
> ‚Ich kann nicht lesen', erwiderte ich.
> Da presste er das Tuch auf mich, so dass ich dachte, es wäre mein Tod. Dann ließ er mich los und sagte wieder: ‚Lies!'
> ‚Ich kann nicht lesen', antwortete ich.
> Und wieder würgte er mich mit dem Tuch, dass ich dachte, ich müsste sterben. Und als er mich freigab, befahl er erneut: ‚Lies!'
> Und zum dritten Male antwortete ich: ‚Ich kann nicht lesen.'
> Als er mich dann nochmals fast zu Tode würgte und mir wieder zu lesen befahl, fragte ich aus Angst, er könnte es nochmals tun: ‚Was soll ich lesen?'
> Da sprach er: ‚LIES IM NAMEN DEINES HERRN, DES SCHÖPFERS, DER DEN MENSCHEN ERSCHUF AUS GERONNENEM BLUT! LIES! UND DER EDELMÜTIGSTE IST DEIN HERR, ER, DER DAS SCHREIB-

ROHR ZU BRAUCHEN LEHRTE, DER DIE MEN-
SCHEN LEHRTE, WAS SIE NICHT WUSSTEN.' (Sure
96,1–5).
Ich wiederholte die Worte, und als ich geendet hatte,
entfernte er sich von mir. Ich aber erwachte, und es
war mir, als wären mir die Worte ins Herz geschrieben. Sodann machte ich mich auf, um auf den Berg zu
steigen, doch auf halber Höhe vernahm ich eine Stimme vom Himmel: ‚O Mohammed, du bist der Gesandte Allahs, und ich bin Gabriel!'"

Es folgten weitere Offenbarungen; die Symptome, die
den Empfang seiner Visionen und Auditionen begleite-
ten, waren nach der Schilderung Mohammeds Folgende:
Die Offenbarung kündigt sich durch Getöse wie von einer
Glocke an. Dann wurde er jeweils von einem Schlag ge-
troffen.

„Niemals kommt die Offenbarung zu mir, ohne dass
ich glaube, meine Seele würde mir genommen."

Er fiel zuweilen auf den Boden, als sei er betrunken, und
brüllte wie ein Kamelfohlen. Diese Äußerungen wie auch
die von Dschibrail ausgehende Nötigung sind nach biblischer Maßgabe alles Wirkungen eines knechtenden und
den Menschen zur Marionette degradierenden Geistes.
Wenn wir das einmal mit dem vergleichen, was die Bibel über das Wirken Gottes und seines Geistes an einem
Menschen sagt, dann merken wir, dass das das genaue
Gegenteil ist.

Die Bibel lehrt, dass der Heilige Geist Freiheit (2Kor 3,17)
und Selbstbeherrschung (Gal 5,22) und damit das Gegenteil von Trunkenheit (Eph 5,18) bewirkt. Das griechische

140

Wort für Selbstbeherrschung ist *enkrateia* und heißt genau übersetzt: „sich in der Hand haben". Bei Mohammed sehen wir also das genaue Gegenteil.

Nach der ersten Offenbarung überfiel den Propheten Verzweiflung, er wollte sich sogar das Leben nehmen. Doch wurde er von Chadidja getröstet und im Glauben an seine Sendung bestärkt. Nach der zweiten Offenbarung begann Mohammed zu predigen. Seine Botschaft enthielt folgende zwei Hauptaussagen:

- Allah ist der einzige Gott (statt der vielen Götter in der Ka'aba)
- Allah wird einen Tag des Gerichts halten

Hier klingt ganz deutlich nach, was er von Juden und Christen gehört hatte.

Hidschra

Die Bewohner von Mekka leisteten ihm Widerstand, weil sie befürchten, die neue Lehre gefährde ihr Geschäft mit den Ka'aba-Pilgern. Im Jahre 622 wanderte Mohammed mit seinen Getreuen in die arabische Stadt *Jatrib* aus. Da die Bewohner dieser Stadt Mohammed aufnahmen und er dort zum eigentlichen Gründer des Islam wurde, bekam die Stadt den Ehrennamen *Madinat-un-Nabbi* = „die Stadt des Propheten", kurz: Medina. Dort wurde Mohammed vom Prediger zum Feldherrn und zum Staatsmann.

Begegnung mit Juden

In Jatrib hatte Mohammed enge Begegnungen mit Juden. Dort befand sich eine starke jüdische Kolonie, von der

Mohammed eine ganze Reihe jüdischer Gepflogenheiten übernahm:

- Fasten am Jom Kippur
- Gebet in Richtung Jerusalem
- Rituelle Waschungen
- Reine und unreine Speisen
- Beschneidung

Entgegen den Hoffnungen Mohammeds verwarfen die Juden seinen Prophetenanspruch. Aus jüdischer Sicht ist es unmöglich, jemanden als Propheten anzuerkennen, der nicht Jude ist. Daraus erwuchs der islamische Judenhass, dem wir im Koran begegnen (siehe Suren 4,47.48.158.159; 5,45.46; 9,30; 58,15–18), und die Abgrenzung von den Juden. Im Koran wird gesagt, die Juden seien die größten Feinde Allahs und der Gläubigen.

Mohammed änderte die Dinge, die er von den Juden übernommen hatte, in seinem Sinn ab:

- Beten in Richtung Mekka statt Jerusalem
- Fasten im Ramadan statt am Jom Kippur
- Neue Interpretation der vorangegangenen Offenbarungen
- Abraham wird zum Vater der Moslems, Ismael und nicht Isaak sei sein echter Sohn

Die Vertreibung und Vernichtung der Juden in Medina

In drei Schlägen, die Mohammed gegen die drei in und um Jatrib lebenden jüdischen Sippen führte, wurden die-

142

se politisch und militärisch vernichtet, d. h. enteignet, zur Auswanderung gezwungen oder umgebracht. Sie durften sich ihr eigenes Massengrab schaufeln, wurden getötet und in das Grab geworfen.

Auf die Vernichtung der Juden folgte

die bleibende Stigmatisierung der Juden

Der Koran hat den Juden ein Denkmal ihrer Verstocktheit, Bosheit, Hinterlist und Feindseligkeit gesetzt. Eine gezielte Verleumdung des Glaubens der Juden ist die Sure 9,30:

> „Es sprechen die Juden: ‚Esra ist Allahs Sohn.'... Solches ist das Wort ihres Mundes. Sie führen ähnliche Reden wie die Ungläubigen von zuvor. Allah schlage sie tot! Wie sind sie verstandeslos!"

Den Juden wird im Koran angelastet, sie hätten alle Stellen aus ihren heiligen Schriften getilgt, die das Kommen Mohammeds ankündigten (Sure 2,159; 5,13). Dass die Juden je behauptet hätten, Esra sei Allahs Sohn, ist natürlich absurd.

Sieg über die Mekkaner

In vier Schlachten gegen die Mekkaner blieb Mohammed siegreich; er erstarkte von Jahr zu Jahr während der Zeit in Medina und war schließlich so stark, dass die Mekkaner bereit waren, Frieden mit ihm zu schließen. Im Jahre 632 kehrte er in seine Heimatstadt zurück.

Mekka und die Ka'aba

In einem taktisch äußerst geschickten Zug erklärte Mohammed die althergebrachte Kultstätte der animistischen Araber, das *Baitullah,* „Haus Allahs", zur Mitte islamischer Frömmigkeit. Damit hatte er die arabischen Stämme mit einem Schlag für seine Sache gewonnen. Blieb die Ka'aba *Baitullah,* dann blieb auch Allah der „Herr der Ka'aba". Somit blieb das Haus des mekkanischen Gottes die Mitte der ganzen arabischen Frömmigkeit, wie es eigentlich schon immer gewesen war. Die von Mohammed in der Wallfahrt von 632 ausgeführten Handlungen wurden zum Vorbild für jeden Mekka-Pilger bis zum heutigen Tag.

Noch heute befindet sich in der Ka'aba ein schwarzer Stein, ein Meteorit, in dem Allah wohnt. Das ist der Geist, den alle Moslems in der ganzen Welt anbeten. Damit ist der Islam bei all seinen gegenteiligen Beschwörungen im Grunde immer noch animistisch. Jeder Moslem auf der ganzen Welt muss in Richtung dieses Steines beten, sonst ist sein Gebet nicht gültig.

Allah ist in Tat und Wahrheit ein Eigenname; es ist der Name des arabisch-moslemischen Gottes, dem Mohammed huldigte. Das Wort „Gott" lautet auf Arabisch *'ilah;* der Name Allah ist entstanden aus al-'ilah = „der Gott", nämlich der Gott, der in der Ka'aba haust. Darum verwenden arabische Christen eher die Bezeichnung *Rabb* = Herr, wenn sie von Gott sprechen. Umgekehrt verwenden Moslems in Ländern, wo niemand Arabisch spricht, für ihren Gott immer den Namen „Allah".

Eroberungen nach dem Tod des Propheten

Im Jahre 632, als Mohammed in seine Heimatstadt Mekka zurückkehren konnte, starb er in den Armen Aischas, seiner Lieblingsfrau. Inzwischen hatte er sich 12 Frauen genommen, Aischa war die Jüngste (sie wurde mit ihm verheiratet, als sie 6 Jahre alt war). Bei all seinen Eroberungen hatte er Nebenfrauen in seiner Beute mitgeführt. Die islamischen Biographen Mohammeds haben es stets als eine besondere Gabe Allahs bezeichnet, dass er Mohammed die Kraft von 30 Männern gab.

Nach dem Tod Mohammeds breitete sich der Islam durch eine Reihe von Eroberungen über ganz Nordafrika und über den Vorderen Orient bis zum Indus aus. Die Liste der Eroberungen der islamischen Heere innerhalb von hundert Jahren nach Mohammeds Tod ist eindrucksvoll:

- 635 fällt Damaskus
- 641 Ägypten
- 644 Persien
- 691 erobern die Araber die Atlantikküste Afrikas (den Maghreb)
- 711 Spanien, Transoxanien und die Indusebene (Spanien blieb 700 Jahre lang islamisch)

732 wurden die arabischen Heere in zwei Schlachten bei Tours und Poitiers vom Frankenkönig Karl Martell geschlagen. Damit kam der Arabersturm zum Stillstand. Diese Reihe von siegreichen Feldzügen ist für den Moslem der Hauptbeweis dafür, dass der Islam die einzig wahre Religion und Allah der einzig wahre Gott ist, anders könne man diese Siege nicht erklären. So denkt eben der Moslem, dem sich die Wahrheit seiner Religion dadurch beweist, dass sie militärisch siegreich war.

3. Die Glaubenslehre Mohammeds

Die Glaubenslehre zeigt den ganzen jüdischen und christlichen Einfluss, denn der Moslem glaubt an lauter Dinge, die dem Juden und dem Christen aus der Bibel längst vertraut sind, obwohl sie im Koran in teilweise stark verzerrter Weise erscheinen. Der Moslem glaubt an folgende sechs Dinge, die er alle ohne Ausnahme von Christen und Juden übernommen hatte:

3.1. Die Lehre von Allah

Die wichtigste und alle anderen dominierende Lehre ist die von der Einheit und Einzigartigkeit Allahs, der *tahwid*.

> „Sprich: Er ist der eine Gott, der ewige Gott; er zeugt nicht und wird nicht gezeugt. Und keiner ist ihm gleich" (Sure 112).

Hier sehen wir, dass Mohammed sich zuerst gegen die Juden und dann auch gegen das Christentum wandte. Das ist eine direkte Kampfansage an den christlichen Glauben von der Gottessohnschaft Jesu Christi.

Aus der Einheit Allahs folgt die Lehre von der Allmacht und Alleinursächlichkeit Allahs. Er ist Führer und Verführer:

> „Wen Allah leitet, der ist rechtgeleitet; und wen Allah irreführt, nimmer findest du einen Helfer für ihn außer ihm" (17,99).

146

Samuel Zwemer hat in seiner *Moslem Doctrine of God* (moslemische Lehre über Gott) die 99 Namen Allahs nach verschiedenen Gesichtspunkten in folgende sechs Gruppen gegliedert:

- 7 Namen für die Einheit und Absolutheit Allahs
- 5 Namen für die Schöpfermacht Allahs
- 24 Namen für die Barmherzigkeit Allahs
- 36 Namen für die Macht, den Stolz und die Souveränität Allahs
- 5 Namen für die Härte und die Rachsucht Allahs
- 4 Namen für die sittlichen Eigenschaften und für das Richteramt Allahs

3.2. Die Lehre von den Engeln

Die im Koran belegten Namen der Engel zeigen erneut, dass Mohammed seinen ganzen diesbezüglichen Vorstellungskreis von den Juden und Christen übernommen hatte. Der „Engel der Offenbarung", der Mohammed den Koran eingab, heißt Dschibrail = Gabriel. Aus Daniel 12 hat Mohammed irgendwo aufgeschnappt, dass die Juden ihren besonderen Schutzengel Namens Mikal = Michael haben. Er weiß von vier Erzengeln zu berichten, die Karrubiyun = Cherubim heißen.

3.3. Die Lehre von den heiligen Büchern, in Sonderheit des Koran

Allah hat zu verschiedenen Zeiten verschiedenen Völkern heilige Bücher gesandt oder „herniederkommen lassen", wie der koranische Terminus lautet. So weiß der Koran zu berichten, auf Mose sei die Thora, auf David die Psalmen und auf Jesus das Evangelium „herniedergekommen". Am Ende aber habe Allah als letzte und für alle Menschen aller nachfolgenden Geschlechter verbindliche Offenbarung den Koran auf Mohammed „herniederkommen" lassen.

3.4. Die Lehre von den Propheten, insbesondere von Mohammed

Der Koran spricht ebenfalls von Propheten und damit von einer Sache, die auch aus dem Alten Testament stammt. Nachdem Allah durch alle Geschlechter und zu allen Völkern Propheten gesandt habe, sei mit Mohammed der letzte Prophet mit der endgültigen und abschließenden Willensbekundung Allahs erschienen. Von Mohammed heißt es deshalb, er sei „das Siegel der Propheten".

3.5. Die Lehre vom Tag des Gerichts

Am Ende der Zeit werden alle Menschen auferstehen und vor Allah erscheinen müssen. Er wird die einen ins Paradies hineinlassen, die anderen in die Hölle werfen. Die Idee von einer ewigen Verdammnis und einer ewigen Glückseligkeit stammt wiederum aus der Bibel.

3.6. Die Lehre von der Vorherbestimmung

Aus der oben dargelegten Lehre von der Einheit, Allmacht und Alleinursächlichkeit Allahs ergibt sich zwangsläufig die islamische Lehre von der Vorherbestimmung (Kismet). Diese ist ein Zerrbild der biblischen Lehre von der Erwählung, kann aber auch in ihrer Verzerrung ihre Herkunft nicht verbergen.

So viel zur Glaubenslehre des Islam.

4. Die Pflichtenlehre des Islam

Wie die Glaubenslehre so ist auch die Pflichtenlehre eine Nachahmung der christlich-jüdischen Glaubenswelt; sie verwendet lauter Begriffe, die jedem Bibelleser vertraut sind; der Inhalt ist freilich wie in einem Zerrspiegel verbogen. Es gibt in der Hauptsache fünf Pflichten im Islam.

4.1. Das Glaubensbekenntnis – *schahadah*

„Es gibt keinen Gott außer Allah und Mohammed ist sein Prophet." Das ist eine deutliche Nachahmung des jüdischen Glaubensbekenntnisses *Schmema' Jisra'el*: „Höre Israel: Der HERR, unser Gott, ist *ein* HERR!" (5Mo 6,4).

4.2. Das rituelle Gebet – *salat*

Fünfmal am Tag muss der Moslem beten und sich, nach Mekka gewandt, insgesamt 34-mal vor Allah niederwerfen und bekennen: „Allah ist groß/der Größte." Jeder Moslem in der ganzen Welt spricht sein bis auf die letzte Silbe vorformuliertes Gebet auf Arabisch. Gleich, ob Moslems in Indonesien, in Bangladesh, in Indien, in Pakistan oder im Iran sind und gar nicht Arabisch sprechen können – sie müssen auf Arabisch beten. Der Islam ist eine arabische Religion, und wo diese Religion hinkommt, wird das Volk arabisiert.

Die Körperhaltung, die Bewegungen und die Anzahl der Gebetsabläufe sind bei jeder der fünf befohlenen Gebetszeiten peinlich genau vorgeschrieben. Das ist es, was dem gemeinschaftlichen Gebet der Moslems jenen Eindruck einer seelenlosen und etwas unheimlichen Maschine gibt.

4.3. Das Fasten – *saum*

Einen Monat im Jahr fastet der Moslem von kurz vor Sonnenaufgang bis Sonnenuntergang.

4.4. Das Almosengeben – *zakat*

Einmal im Jahr gibt der Moslem 2,5% des frei verfügbaren Vermögens den Armen, und zwar am Ende des Fastenmonats Ramadan.

4.5. Die Pilgerreise – *hadsch*

Einmal im Leben sollte jeder Moslem nach Mekka pilgern und die von Mohammed etablierten Riten der Wallfahrer vollführen.

4.6. Der Heilige Krieg – *dschihad*

Als besondere Pflicht kommt der heilige Krieg dazu. Aus islamischer Sicht besteht die Welt aus zwei Lagern, dem

Dar ul–Islam, dem „Haus des Islam", und dem *Dar ul–Harb,* dem „Haus des Krieges". Das „Haus des Islam" ist jener Teil der Welt, der dem Islam unterworfen ist, das „Haus des Krieges" ist jener Teil der Welt, der durch Krieg noch dem Islam zu unterwerfen ist. Dieser Krieg zur Ausbreitung des Islam heißt „heiliger Krieg", arabisch *Dschihad.* Dieses Wort bedeutet im Grunde „Anstrengung"; gemeint ist meistens die kriegerische Anstrengung.

Hier ein Zitat eines deutschen Orientalisten, Richard Hartmann. Er hat ein Buch mit dem Titel *Die Religion des Islam* geschrieben, das bei der wissenschaftlichen Buchgesellschaft Darmstadt erschienen ist. Wer diesen Verlag kennt, weiß, dass er nur Werke von anerkannten, seriösen Gelehrten veröffentlicht. Hartmann ist wie alle Islamisten und Orientalisten ein Freund seines Studienfaches und hat große Sympathien für den Islam. Er schreibt sicher nichts Negatives über diese Religion:

> „Das Ziel des Dschihad ist die Verherrlichung des Islam, praktisch die Ausbreitung des Islam oder doch seiner Macht ... Wenn es zum Kampf gekommen war, fällt ihr Land den Muslimen als Beute zu. Praktisch hat die Aussicht auf Beute bei den Eroberungszügen des Islam eine große Rolle gespielt" (Richard Hartmann, *Die Religion des Islam*).

So denkt der Moslem noch heute. Für ihn war die ideale Zeit jene ersten hundert bis zweihundert Jahre nach dem Tod des Propheten, als der Islam mit seinen Heeren überall siegte. Diesen Idealzustand wollen die islamischen Fundamentalisten wieder herstellen. In den Medien wird zwar immer beschönigend erläutert, dass der Dschihad gar nichts mit Krieg zu tun habe und nur „innere sittliche Anstrengung" heiße. Für manche mag das zwar gelten, doch der Moslem, der *Dschihad* hört, denkt zunächst an islamische Heere, die im Krieg siegreich sind und für das Reich des Islam an Boden gewinnen.

Es ist wichtig für uns zu wissen, wie ein Moslem über den Zusammenhang von Glauben und Krieg denkt. Der Christ weiß, dass es verkehrt ist, im Namen des Glaubens Krieg zu führen. Er weiß auch, dass die Kirche in früheren Jahrhunderten zu Kreuzzügen gegen die Sarazenen aufrief und dass das ein grober Verstoß gegen die Lehre des Neuen Testamentes war. Der Moslem denkt da ganz anders. Der Religionsstifter des Islam ist der einzige Religionsstifter, der zugleich auch Feldherr und Eroberer war. Das ist für das ganze Verständnis des Islam bedeutungsvoll.

Dass der Gründer des Islam die neue Religion durch kriegerische Aktionen zum Sieg führte, ist ein Gemeinplatz und zudem für die Moslems eine Tatsache, deren sie sich nicht etwa zu schämen brauchen, im Gegenteil. Der Franzose Barreau macht in seinem 1992 veröffentlichen Buch *Die unerbittlichen Erlöser* die sehr bedenkenswerte Feststellung:

> „Muhammed ist der einzige Religionsgründer, der auch Eroberer war. Warum sollte man das vergessen?" (Jean-Claude Barreau: *Die unerbittlichen Erlöser. Vom Kampf des Islam gegen die moderne Welt*, S. 35).

Der ideale Moslem ist nach moslemischem Verständnis ein mächtiger Mann, ein erfolgreicher Krieger, ein Herrscher unter den Menschen. All das war Mohammed:

„Wie viele Staatsmänner liebte er den Reichtum, die Frauen und die Macht" (Barreau, S. 35).

Leiden, Verzichten, Verlieren, Unterliegen ist im Islam nicht vorgesehen. Arnold Hottinger, ein ausgesprochener Araberfreund, der also sicher nicht aus antimoslemischem Vorurteil heraus schreibt, sagt in seinem Buch *Die Araber vor ihrer Zukunft* (Verlag NZZ, 1988) ganz richtig, dass für jeden Moslem selbstverständlich ist:

„Der Islam herrscht, er wird nicht beherrscht."

Darum sei für die Moslems im Libanon eine christliche Regierung unannehmbar.

Weil nun der Islam die von Allah verfügte Ordnung sei, die die ganze Welt zu umfassen habe, ist jeder Moslem verpflichtet, dafür zu kämpfen, dass dieses Ziel möglichst bald erreicht werde – und das mit allen Mitteln:

„Ihr sollt mit ihnen kämpfen, oder sie werden Muslime (Sure 48,16) ... Er ist's, der seinen Gesandten mit der Leitung und der Religion der Wahrheit entsandt hat, um sie über jede andere Religion siegreich zu machen, auch wenn es den Götzendienern zuwider ist" (Sure 61,9).

Dies nennt der Koran „Kämpfen im Weg Allahs". Die Aufforderungen zu solch einem Kampf sind häufig und recht eindeutig:

„Und erschlagt sie [die Juden und Christen], wo immer ihr auf sie stoßt" (Sure 2,187).
„Und bekämpft sie, bis die Verführung aufgehört hat und der Glaube an Allah da ist" (Sure 2,189).

„Nehmt keinen von ihnen zum Freund ... Und so sie den Rücken kehren, so ergreifet sie und schlagt sie tot, wo immer ihr sie findet" (Sure 4,91).

„So haut ein auf ihre Hälse und haut ihnen jeden Finger ab" (Sure 8,12).

„Und nicht ihr erschluget sie, sondern Allah erschlug sie" (Sure 8,17).

„Und kämpft wider sie, bis kein Bürgerkrieg mehr ist, und bis alles an Allah glaubt" (Sure 8,40).

„Sind aber die heiligen Monate verflossen, so erschlagt die Götzendiener, wo ihr sie findet, und packt sie und belagert sie und lauert ihnen in jedem Hinterhalt auf" (Sure 9,5).

„Bekämpft sie; Allah wird sie strafen durch eure Hände" (Sure 9,14).

„Kämpft wider jene von denen, welchen die Schrift gegeben ward [Juden und Christen], die nicht glauben an Allah... Allah schlag' sie tot! Wie sind sie verstandeslos!" (Sure 9,29f.).

„O du Prophet, streite wider die Ungläubigen und Heuchler und verfahre hart mit ihnen" (Sure 9,74).

„[Denen gehört das Paradies], die auf dem Wege Allahs streiten, die töten und getötet werden; ihnen gehört die wahre Verheißung" (Sure 9,112).

„O ihr, die ihr glaubt, kämpft wider die Ungläubigen an euren Grenzen, und wahrlich, lasst sie die Härte in euch verspüren. Und wisst, dass Allah mit denen ist, die ihn fürchten" (Sure 9,124).

„Und wenn ihr die Ungläubigen trefft, dann herunter mit dem Haupt, bis ihr ein Gemetzel unter ihnen angerichtet habt; dann schnüret die Bande ... Und diejenigen, die in Allahs Weg getötet werden ... einführen wird er sie ins Paradies" (Sure 47,4–7).

„Werdet daher nicht matt und ladet sie nicht ein zum Frieden, während ihr die Oberhand habt; denn Allah ist mit euch" (Sure 4,37).
„Ihr sollt mit ihnen kämpfen, oder sie werden Muslime" (Sure 48,16).
„Er ist's, der seinen Gesandten mit der Leitung und der Religion der Wahrheit entsandt hat, um sie über jede andere Religion siegreich zu machen, auch wenn es den Götzendienern zuwider ist" (Sure 61,9, auch Sure 48,28).

Fazit

Die Pflichtenlehre weist den Islam als eine *Gesetzesreligion* aus; der Mensch verdient sich wie in allen von Menschen erfundenen Religionen – mögen sie nun Islam, Buddhismus, Hinduismus, Katholizismus, Schintoismus oder Sikhismus heißen – seine Seligkeit durch eigene Leistung: Er soll

„Gutes vorausschicken, um es wiederzufinden bei Allah" (Sure 73,20; 69,24; 89,25).

Gute Werke heißen zuweilen sogar

„ein vorteilhafter Handel" (Sure 35,26).

Und wie in jeder menschlichen Religion oder Sekte (heiße sie nun römisch-katholische Kirche oder Wachtturmgesellschaft) kann der Anhänger nie Gewissheit über sein persönliches Schicksal finden. So ist es für den Moslem eine ausgemachte Sache, dass er ins Paradies eingeht, wenn er an Allah und seinen Propheten geglaubt und wenn er alle

155

Pflichten erfüllt hat, *wenn Allah will.* Er darf hoffen, dass er durch die Fürsprache Mohammeds ins Paradies eingelassen wird, denn das ist ihm versprochen worden, *wenn Allah will* (arabisch: *'in schâ 'Allah*). Nur wenn Allah will, sonst nicht. Aber ob Allah will, das weiß nur Allah.

Dieses verfluchte „Wenn" hängt dem Moslem wie ein Damoklesschwert über dem Kopf, d. h. wenn er seinen Islam ernster nimmt, als die Masse es tut, und manch ein Moslem ist daran schier oder ganz verzweifelt. *Abu Bakr,* Kampfgefährte und direkter Nachfolger Mohammeds, der erste der vier „rechtgeleiteten Kalifen" (als da waren: Abu Bakr, Omar, Osman, Ali), sagte kurz vor seinem Tod zu Aischa, der Lieblingsfrau Mohammeds:

> „Ach, liebe Tochter, dies ist der Tag meiner Befreiung und der Erlangung meines Lohnes: Wenn es Freude ist, wird sie dauern; wenn es Kummer und Leid ist, wird es nie aufhören."

Solche Ungewissheit plagte den zweitfrömmsten Mann in der Geschichte des Islam nach Mohammed; dies, obwohl der Prophet ihm zu Lebzeiten noch versichert hatte: „Du bist frei vom Feuer", weshalb Abu Bakr den Beinamen „Atik" (Befreiter) trug. *Omar,* der zweite der rechtgeleiteten Kalifen, vielleicht der drittfrömmste Moslem, der je gelebt hat, sagte auf seinem Totenbett:

> „Ich bin nichts anderes als ein Ertrinkender, der die Möglichkeit der Flucht ins Leben sieht und darauf hofft, aber trotzdem Angst hat, er könne sterben und es verlieren, und der so mit Händen und Füßen nach unten taucht. Verzweifelter als der Ertrinkende ist der,

welcher beim Erblicken von Himmel und Hölle in der Vision begraben wird ... hätte ich den ganzen Osten und Westen, wie gern würde ich alles aufgeben, um von dieser schrecklichen Furcht, diesem Entsetzen, das über mir hängt, frei zu werden ... Wehe über Omar, wehe über Omars Mutter, wenn es dem Herrn nicht genehm sein sollte, mir zu verzeihen!"

Immer wieder dieses „Wenn". Ein Moslem weiß nie, ob Allah verzeiht oder ob er vergibt. Einmal führte ich während meiner Zeit in Pakistan mit einem Moslem ein Gespräch und sagte zu ihm: „Jesus Christus hat mich errettet." Da wurde er ganz ärgerlich und antwortete: „Ob man errettet wird, weiß nur der da oben."

Im Christentum gibt es auch ein „Wenn". Aber dieses „Wenn" ist nie bei Gott, sondern immer bei uns Menschen. Gott gibt uns Verheißungen und Zusagen, *wenn* wir glauben. Dann wird uns das, was uns Gott versprochen hat, zuteil. Es bleibt nie ein „Wenn" bei Gott. Im 1. Johannesbrief schreibt der Apostel Johannes: „Wenn wir unsere Sünden bekennen, so ist er treu und gerecht, dass er uns die Sünden vergibt" (Kap 1,9). Hier liegt das „Wenn". Wenn wir bekennen, dann vergibt Gott.

5. Die Lehre Mohammeds aus biblischer Sicht

Schauen wir uns jetzt die Lehre Mohammeds an, wie sie sich aus biblischer Sicht darstellt. Als Christ und Bibelleser stellen wir an jede Philosophie, Religion oder Weltanschauung folgende drei Fragen.

1. Was sagt sie über Gott?
2. Was sagt sie über den Sohn Gottes?
3. Was sagt sie über das Wort Gottes?

5.1. Was sagt der Koran über Gott?

Der sittliche Charakter des Gottes der Bibel wird durch zwei von Johannes besonders prägnant formulierte Sätze umrissen:

- „Gott ist Licht" (1Joh 1,5)
- „Gott ist Liebe" (1Joh 4,16)

Gott ist Licht

Das bedeutet: Gott ist wahr, Er ist gerecht, Er ist wahrhaftig, Er ist zuverlässig, Er ist treu. Entsprechend nennt Ihn das Alte Testament bereits *'Elohê 'amên*, den „Gott des Amen" (Jes 65,16), den Gott der Treue. Was Gott verspricht, das hält Er. „Denn des Herrn Wort ist *wahrhaftig*" (wie Luther Psalm 33,4 übersetzt). Der Gott der Bibel ist der Bundesgott. Er „bewahrt den Bund und die Güte". Siebenmal steht diese Wendung im Alten Testament (5Mo 7,9 u. a.). Er hat sich an sein Wort gebunden; Er hat sich seinem Volk, dem Er Verheißungen gegeben hat, verpflichtet.

Solches ist dem Allah des Koran vollständig fremd. Dieser ist so erhaben, dass er sich nicht verpflichtet wissen kann; er ist nicht an sein Wort gebunden. Er ist allmächtig und unumschränkt, weshalb er auch sein Wort brechen kann.

158

Er hat zwar im Koran auch den wohllautenden Titel *al-Nur* = „das Licht"; aber was das heißen kann, lehren andere Stellen im Koran:

> „Sie [die Juden] schmiedeten Listen, und Allah schmiedete Listen; und Allah ist der beste Listenschmied" (Sure 3,47).

Das hier mit „Listen schmieden" übersetzte Verbum lautet auf Arabisch *makara;* es wird im Arabisch-Englischen Wörterbuch von Wortabet und Porter wiedergegeben mit: *to deceive,* das dazugehörige Hauptwort *makrun* mit: *trick, deceit, fraud.* Der Koran weiß über die Juden wenig Gutes zu sagen; so verwundert es uns nicht, dass es von ihnen heißt, dass sie auf Trug, Täuschung und List aus waren. Nur war Allah noch besser im Täuschen; seine List war noch größer als ihre, er ist in allem der Größte. Die verschlagenen Juden wollten den Messias in eine Falle locken und töten; aber Allah überlistete sie: Er sorgte dafür, dass Judas plötzlich aussah wie Jesus; und so kreuzigten die Juden „einen ihm [dem Messias] Ähnlichen" (Sure 4,155.156). Weitere Stellen zur List Allahs sind die Suren 7,97.182; 8,30; 13,42; 14,47; 27,51.52; 43,79; 52,42; 68,45; 86,15.16.

Da Allah sein eigenes Wort brechen, d. h. auch treulos sein darf, darf auch der Moslem lügen, wenn er damit der Sache des Islam dient. Der persische islamische Dichter und Gelehrte *Al Ghazali* ist einer der vielen, der lehrte, im Kampf der Moslems gegen die Ungläubigen sei die Lüge erlaubt:

> „Wisse, dass die Lüge in sich nicht falsch ist. Wenn eine Lüge der einzige Weg ist, ein gutes Ergebnis zu

erzielen, ist sie erlaubt. Daher müssen wir lügen, wenn die Wahrheit zu einem unliebsamen Ergebnis führen müsste."

Das ist ein moralisches Prinzip, das wir mit Abscheu verwerfen. Es ist im höchsten Grad unmoralisch. Aber nach islamischer Moral ist das richtig. Man muss wissen, dass der Moslem so denkt. Man darf im Interesse des Islam und der Sippe lügen. Wenn die Wahrheit ein unliebsames Ergebnis bringt, darf man lügen.

Gott ist Liebe

Dass Gott Liebe ist, bedeutet, dass Er der „Vater der Erbarmungen" (2Kor 1,3) und „der Gott aller Gnade" (1Pet 5,10) ist. Er ist „langsam zum Zorn und groß an Güte" (Ps 103,8). „Denn so hat Gott die Welt geliebt, dass er seinen eingeborenen Sohn gab, damit jeder, der an ihn glaubt, nicht verloren gehe, sondern ewiges Leben habe" (Joh 3,16). Es ist der Gott der Liebe, der den Sünder rettet, indem Er ihm die Sünden vergibt. Das sind nicht erhabene, aber leere Worte, sondern Er hat seine Gnade, sein Erbarmen und seine Güte bewiesen. In seiner Liebe hat Er seinen eigenen Sohn nicht verschont, sondern unsere Sünden auf Ihn gelegt.

Allah hat 99 Namen, die als die schönsten gelten, die einer haben kann (Sure 59,23.24). Unter diesen allen findet sich weder der Name „Vater" noch „Liebe". Er heißt zwar immer wieder „barmherzig", nur kostet es ihn nichts, barmherzig zu sein. Ein Gewaltherrscher kann auch „gnädig" sein. Wenn seine Laune es gerade will, kann er auch einmal einen Verurteilten begnadigen. In der Bibel lernen wir, dass Gott seine Barmherzigkeit bewiesen hat, als Er seinen Sohn leiden ließ, um Hilflosen und Blinden, wie wir es sind, Vergebung und ewiges Leben zu schenken. Das zeigt, dass es Gott alles kostete, barmherzig zu sein.

Von der Vorherbestimmung

Wie beides, Licht und Liebe, keine Wesenheiten Allahs sind, wird in der koranischen Lehre von der Vorherbestimmung, vom Kismet, besonders deutlich. Er ist der willkürlich Rettende und Verderbende. Wenn er rettet, berührt es ihn nicht, wenn er verdirbt, berührt es ihn nicht. So sagt eine Hadith (eine verbindliche und an Autorität dem Koran gleichgestellte Tradition):

> „Allah schuf den Menschen aus einem Erdenkloß, teilte ihn in zwei Teile, warf den einen in die Hölle und sprach: ,Diesen ins ewige Feuer – was kümmert's mich?' Er warf den andern in den Himmel und sprach: ,Diesen ins Paradies – was kümmert's mich?'"

Einer der großen Islamgelehrten des 20. Jahrhunderts, Tor Andrae, schreibt in seinem Buch *Mohammed, sein Leben und sein Glaube* (Göttingen 1932) über Allah:

> „Er hat die Seele erschaffen und ihr ihre Frevelhaftigkeit und Tugend eingegeben."

Allahs Absicht bleibt immer verborgen, im Dunkel. Er ist selbst nicht Licht, und keiner kann wissen, was er vorhaben könnte. In der Bibel hingegen häufen sich Bekenntnis-

161

se wie: „Denn bei dir ist der Quell des Lebens, in deinem Licht werden wir das Licht sehen" (Ps 36,10); und: „Wenn wir aber in dem Licht wandeln, wie er in dem Licht ist, so haben wir Gemeinschaft miteinander, und das Blut Jesu Christi, seines Sohnes, reinigt uns von aller Sünde" (1Joh 1,7). Von Allah hingegen weiß der Koran zu berichten:

„Also führt Allah irre, wen er will, und leitet recht, wen er will" (Sure 74,34).
„Wollt ihr recht leiten, wen Allah irregeleitet hat? Und wen Allah irreführt, nimmer findet der für ihn einen Weg" (Sure 4,90).

Der oben schon zitierte Basler Orientalist Emanuel Kellerhals kommentiert die islamische Lehre von der Prädestination wie folgt:

„Hier haben wir es deutlich nicht mehr mit dem biblischen Begriff der Allmacht, sondern mit dem philosophischen der Kausalitätslosigkeit zu tun. Man könnte auch sagen: anstelle der souveränen Gnade Gottes ist die despotisch-tyrannische Laune der Willkür, anstelle der königlichen Freiheit Gottes die Versklavung Gottes unter einen grundlosen Zufall getreten" (E. Kellerhals: Der Islam. Seine Geschichte, seine Lehre, sein Wesen).

Mit dieser Auffassung von Allah hängt das Wort Islam zusammen. Es bedeutet „Unterwerfung"; nicht aber Unterwerfung unter Gottes offenbarten und durch seine Treue verbürgten Heilswillen, sondern Unterwerfung unter das Unvermeidliche, das immer unbekannt bleibt. Islamisches „Vertrauen" (tawakkul) ist nicht das, was der Christ unter Vertrauen versteht, sondern ein blindes Sichschicken ins

162

Unvermeidliche, in ein immer dunkel bleibendes Schicksal *(kismet)*.

Wie anders ist die Sprache des ganzen Alten und Neuen Testaments. Dort finden sich Einladungen wie: „Sucht, und ihr werdet finden" (Mt 7,7). „Den Aufrichtigen geht Licht auf in der Finsternis" (Ps 112,4)). „... dir geschehe, wie du geglaubt hast" (Mt 8,13). „... denn ich weiß, wem ich geglaubt habe" (2Tim 1,12). Das bedeutet, dass der Christ immer weiß, wem er vertraut und was die Folgen seines Glaubens sind. Gott hat sich offenbart; Gott hat seine Gedanken enthüllt; Gott hält Wort. Gott kann nicht lügen (Tit 1,2).

Von der Dreieinigkeit

Unsere Frage lautet noch immer: Was sagt der Koran über Gott? In der Bibel erfahren wir, dass der eine Gott in drei Personen offenbart ist. Die Bibel sagt, dass Gott in drei Personen wirksam ist, Gott der Vater, Gott der Sohn, Gott der Heilige Geist. Der Koran wendet sich ausdrücklich gegen diese Wahrheit:

> „Er ist der eine Gott, der ewige Gott; er zeugt nicht und wird nicht gezeugt, und keiner ist ihm gleich" (Sure 112).
> „Er hat sich keine Genossin genommen und keinen Sohn" (Sure 72,3).
> „Abraham war weder Jude noch Christ; vielmehr war er lauteren Glaubens, ein Muslim, und keiner derer, die Allah Gefährten geben" (Sure 3,60).

Es ist offenkundig, dass Mohammed sich mit diesen Sätzen polemisch gegen die christliche Lehre von der Dreieinigkeit und von der Gottheit Jesu Christi wandte; ebenso offenkundig scheint es mir, dass er dabei den Christen ganz primitive Vorstellungen andichtete, von denen er gewusst haben muss, dass die Christen solches nicht glaubten. So unterstellte er ihnen, dass sie an eine Dreieinigkeit glauben, die aus Gott dem Vater, Maria und Jesus, ihrem leiblichen Sohn, bestünde:

> „Und wenn Allah sprechen wird: ‚O Jesus, Sohn der Maria, hast du zu den Menschen gesprochen: Nehmet mich und meine Mutter als zwei Götter neben Allah an?‘, dann wird er [Jesus] sprechen: ‚Preis sei dir! Es steht mir nicht zu, etwas zu sprechen, was nicht wahr ist.‘" (Sure 5,116).

Zu Mohammeds über die Christen ausgesprochenen Drohungen und Flüche siehe Suren 9,29–31; 19,91–93.

Fazit

Der Gott des Korans, der Gott, dem Mohammed diente und den er predigte, ist nicht der Gott der Bibel, ist nicht der Gott und Vater unseres Herrn Jesus Christus. Er ist vielmehr der altarabische Hochgott *Allah*, dem Mohammed eine Reihe von Attributen des Gottes der Bibel umgehängt hat. Allah ist ein Gott mit völlig anderen Eigenschaften. Deshalb ist es auch nicht richtig zu sagen, dass Christen und Moslems dem gleichen Gott dienen.

5.2. Was sagt der Koran über Jesus Christus?

Im Koran finden sich Titel Jesu, die wir in der Bibel finden:

- Sohn Marias
- der Messias
- das Wort Gottes
- Gesandter Gottes
- Knecht Gottes
- Prophet

Zudem wird Jesus im Koran

- Geist Gottes
- Wort der Wahrheit

genannt.

Im Koran findet sich die Jungfrauengeburt Jesu, seine Sündlosigkeit, zahlreiche seiner Wunder – allerdings auch Wunderliches und Unhistorisches, das Mohammed aus apokryphen Evangelien und Jesuserzählungen gehört hatte –, seine Wiederkunft (allerdings grotesk entstellt). Trotzdem stehen diese Dinge alle im Koran, und man könnte meinen – und viele Moslems sagen das –, dass auch die Moslems Jesus ehren und an ihn glauben. Aber die beiden entscheidenden Wahrheiten über die Person Jesu von Nazareth werden geleugnet; nicht einfach verschwiegen, sondern offen bekämpft, nämlich:

- die Gottheit Jesu Christi
- der Tod Jesu Christi

Keine der Weltreligionen bekämpft so offen und so direkt die Gottessohnschaft Jesu Christi wie der Islam. Nach biblischer Terminologie ist jede Lehre, die den Vater und den Sohn leugnet, eine antichristliche Lehre (1Joh 2,22). Als solche muss darum die Religion Mohammeds gelten. Ist nämlich Jesus Christus nicht Gott, kann Er uns nicht retten; Er könnte hundertmal sündlos sein, wie auch der Koran bezeugt. Ist Er aber ein bloßes Geschöpf, ist Er ein bloßer Mensch – wenn auch ein außergewöhnlicher –, so kann Er niemanden von dessen Sünden befreien, so nützt sein Tod niemandem außer Ihm selbst. Er muss Gott sein, wenn sein Tod den Tod aller, die Ihm vertrauen, aufwiegen soll. Er muss Gott, der Schöpfer, sein, wenn sein Tod die Sünde der Welt wegnehmen soll. Der Koran sagt zur Gottheit Jesu Christi:

„Und sie sprechen: ‚Gezeugt hat der Erbarmer einen Sohn.‘ Wahrlich, ihr behauptet ein ungeheuerlich Ding. Fast möchten die Himmel darob zerreißen und die Erde möchte sich spalten und es möchten die Berge stürzen in Trümmer, dass sie dem Erbarmer einen Sohn beilegen, dem es nicht geziemt, einen Sohn zu zeugen" (Sure 19,91–93).

Entweder spricht der Koran die Wahrheit, oder die Bibel spricht die Wahrheit. Beides kann nicht stimmen; denn wir lesen in 1. Johannes 5,10: „Wer an den Sohn Gottes glaubt, hat das Zeugnis in sich selbst; wer Gott nicht glaubt, hat ihn zum Lügner gemacht, weil er nicht an das Zeugnis geglaubt hat, das Gott bezeugt hat über seinen Sohn." Das zeigt uns wieder, dass es in der Bibel und dem Koran wirklich nicht um denselben Gott geht.

Keine der Weltreligionen bekämpft direkt und polemisch die Wahrheit vom Kreuzestod Jesu Christi, außer dem Islam. Der Koran erklärt:

„Sie [die Juden] sprachen: ‚Siehe, wir haben den Messias Jesus, den Sohn der Maria, den Gesandten Allahs, ermordet.' Doch ermordeten sie ihn nicht und kreuzigten ihn nicht, sondern einen ihm Ähnlichen ... darum verfluchen wir sie" (4,156).

Das ist die Erklärung, die der Koran gibt. Allah war eben so listig, dass er dafür sorgte, dass jemand plötzlich so aussah wie Jesus. Dann nahmen die Juden ihn, der nur so aussah wie Jesus, und kreuzigten ihn; in der Zwischenzeit hatte Allah Jesus zu sich in den Himmel genommen. Damit hatte er die Juden hereingelegt. Der Koran sagt wiederholt, dass nicht Jesus am Kreuz gestorben ist.

Der Tod Jesu Christi ist neben seiner Gottheit die zweite Säule, auf der unsere Errettung ruht. Daher heißt es im Neuen Testament, dass Er sterben *musste*. Er ist das „Lamm Gottes" (Joh 1,29), das zur Schlachtung geführt wurde (Apg 8,32); Er hat seine Seele ausgeschüttet in den Tod (Jes 53,12) und durch den Tod den zunichte gemacht, der die Macht des Todes hat, nämlich den Teufel (Heb 2,14). Ist Christus aber nicht gestorben, gibt es keine Vergebung. Er mag hundertmal sündlos und er mag hundertmal göttlich sein – ist Er nicht stellvertretend für Sünder in den Tod gegangen, gibt es keine Vergebung.

An diesen beiden Bekenntnissen – an der Gottheit Jesu und an seinem Tod – liegt die ganze Gewissheit des Christen. Der Islam greift diese beiden Wahrheiten der Gottheit

167

und des Sühnetodes Jesu frontal an. Deshalb ist es nicht unwichtig, dass der Islam eine nachchristliche Religion ist. Es ist wirklich ein direktes Widersprechen, ein Herausfordern dessen, was das Christentum glaubt und lehrt.

Fazit

Der Koran begnügt sich nicht damit, eine der beiden Grundwahrheiten des Evangeliums – die Gottheit oder den stellvertretenden Tod des Herrn – zu leugnen, was schon genügt hätte, um die Heilslehre zu zerstören. Er muss gleich beides frontal angreifen und behauptet kühn: Jesus Christus ist nicht Gottes Sohn; Jesus Christus ist nicht am Kreuz gestorben. Es wird damit deutlich, dass alle äußerliche Ähnlichkeit des Islam mit dem Christentum nur Schein ist. Der Islam ist die dem Christentum am diametralsten entgegenstehende aller Religionen. Er ist Antichristentum in reinster Form.

5.3. Was sagt der Koran über die Bibel?

Die Aussagen des Korans über die Bibel sind ein weiterer frontaler Angriff auf den Glauben der Juden und Christen. Mohammeds Koran behauptet, die Juden und die Christen hätten die Bibel böswillig gefälscht. Das steht wiederholt im Koran:

> „Aber ein Teil von ihnen hat Allahs Wort vernommen und verstanden und hernach wissentlich verkehrt" (Suren 2,70; 4,47.48)
> „O Volk der Schrift, nunmehr ist unser Gesandter zu euch gekommen, euch vieles von der Schrift kundzu-

168

tun, was ihr verbargt ... Gekommen ist nunmehr zu euch von Allah ein Licht und ein klares Buch" (Sure 5,18).

Entweder hat Jesus Christus die Wahrheit gesprochen, oder Mohammed hat die Wahrheit gesprochen; beide können nicht die Wahrheit gesprochen haben. In Matthäus 24,35 lesen wir die Worte Jesu: „Der Himmel und die Erde werden vergehen, meine Worte aber werden nicht vergehen."

Wir müssen uns entscheiden: Entweder spricht Mohammed die Wahrheit oder Christus. Wenn Mohammed Recht hatte, dann hat auch Paulus sich getäuscht, denn er schrieb an seinen Mitarbeiter Timotheus: „Du aber bleibe in dem, was du gelernt hast und wovon du völlig überzeugt bist, da du weißt, von wem du gelernt hast, und weil du von Kind auf die heiligen Schriften kennst, die imstande sind, dich weise zu machen zur Errettung durch den Glauben, der in Christus Jesus ist. Alle Schrift ist von Gott eingegeben und nützlich zur Lehre, zur Überführung, zur Zurechtweisung, zur Unterweisung in der Gerechtigkeit" (2Tim 3,14–16)

Nach biblischer Darstellung ist Christus das Wort (Joh 1,1–3). Er, das lebendige Wort, ist deckungsgleich mit dem geschriebenen Wort. Daher ergibt sich Mohammeds Angriff auf die Bibel der Juden und Christen ganz zwingend aus seinem Angriff auf die Person Jesu, des Sohnes Gottes. Wer Christus angreift, muss die Bibel angreifen; und wer die Bibel angreift, greift Christus an.

Wir sehen also, dass der Koran das, was der Christ über Gott, über den Sohn Gottes und über die Bibel glaubt, frontal angreift. Das erklärt auch, weshalb es für einen Moslem so schwer ist, die christliche Botschaft überhaupt nur zu hören. Reflexartig kommen ihm alle diese Schlagworte hoch: „Jesus ist nicht Gottes Sohn, es gibt keinen dreieinigen Gott, die Bibel ist gefälscht." Das macht es dem Moslem sehr schwer, einfach die Bibel zu lesen. Aber es gibt Moslems, die es tun. Ich habe einige Freunde in Indien, Pakistan, Bangladesh, ehemalige Moslems, die anfingen, die Bibel zu lesen. Einer war auf einer Koranschule in Pakistan und sollte dort lernen, wie man mit Bibelversen Christen in Verlegenheit bringen kann. Er musste darum in einer Bibel lesen, das weckte sein Interesse, und bald konnte er von der Bibel nicht mehr lassen. Er sagte einmal zu mir: „Wer den Koran einmal wirklich gelesen hat, kann ihn nicht mehr lesen. Wer einmal angefangen hat, wirklich in der Bibel zu lesen, kann nicht mehr aufhören. Das ist der grundlegende Unterschied."

Alles, was wir über den Islam gelernt haben, sollte uns ein Anlass sein, mit viel Geduld und Verständnis mit moslemischen Freunden umzugehen. Meine Frau und ich haben moslemische Freunde aus dem Iran und aus der Türkei, bei denen wir immer wieder zu Hause sind und die wir auch zu uns einladen. So wollen wir beten und hoffen, dass der Herr uns offene Türen und Herzen gibt, dass wir ihnen etwas von Jesus Christus sagen können, der der Heiland der Sünder ist.

6. Fragen aus dem Publikum

Welche Bedeutung haben Jerusalem und der Tempelberg für den Islam?

Es gibt im islamischen Kalender eine Nacht, die „die starke Nacht" heißt. Sie heißt deshalb so, weil Mohammed in jener Nacht in einer Vision nach Jerusalem versetzt wurde und von Jerusalem aus dann in den Himmel auffuhr. Das ist übrigens ein sehr übliches apokryphes Motiv; Himmelfahrten gibt es sehr viele in der Zeit der Spätantike. Deshalb hat Mohammed seine Geschichte von seiner eigenen Himmelfahrt mit Sicherheit aus der jüdischen Mystik. Weil Mohammed eben von der Stadt Jerusalem aus in den Himmel auffuhr, ist Jerusalem auch eine der heiligen Städte des Islam. Jerusalem wurde im 7. Jahrhundert von Syrien aus erobert, und der Eroberer Omar hat den so genannten Felsendom um den Stein gebaut, von dem die Moslems sagen, dass Mohammed von hier aus auf einem Pferd in den Himmel aufgefahren sei. Das Pferd war ein Mischwesen mit Frauenkopf und Pferdeleib. Übrigens steht der so genannte Felsendom ziemlich sicher an der Stelle, wo der Brandopferaltar des salomonischen Tempels stand. Nachdem die Juden aus dem heiligen Land vertrieben waren, stand dort eine christliche Kirche, wo christliche Gottesdienste gefeiert und Messen gelesen wurden. Als die Kreuzfahrer im Jahre 1099 Jerusalem wieder eroberten, ließen sie die Omar-Moschee stehen.

Ist der Islam für uns eine Bedrohung?

Nein, er ist keine Bedrohung. Der Christ fühlt sich nicht bedroht, durch wen auch? Wahrscheinlich ist die Frage

171

jedoch so gemeint: Ist der Islam eine Bedrohung für Europa? Ich betrachte dieses wachsende Selbstbewusstsein des Islam, das auch militanter wird, aus biblischer Sicht als eine Zuchtrute Gottes, um eine gottlose Christenheit zu züchtigen. Gott gebraucht den Islam auch dazu, den ungläubigen Judenstaat zu züchtigen. Nach dem prophetischen Wort sehe ich keinen Anlass anzunehmen, dass der Islam zur Weltherrschaft kommt.

Ist das eine Chance für uns?

Ja, es ist eine missionarische Chance. Wir haben viel Zugang zu Moslems, die wir sonst nicht hätten. Meine Frau macht schon seit 20 Jahren missionarische Kinderarbeit, und es kommen immer zwischen 20 und 30 Kindern, die meisten von ihnen sind kurdische, türkische und albanische, also moslemische Kinder. Vor den Kinderstunden lädt sie die Kinder immer ein; dann wird sie in die Häuser hereingebeten und bekommt Einblick in die verschiedenen Verhältnisse und Nöte. Manche dieser Frauen hier in Deutschland oder der Schweiz sind wirklich arm dran. Sie sind fremd hier und verstehen die Sprache kaum, sind entweder nur zu Hause oder in der Fabrik. Diesen Frauen ist die bloße Anwesenheit und das verständnisvolle Zuhören meiner Frau ein Trost. Wiederholt konnte sie mit solchen Frauen die Bibel lesen. Das ist wirklich eine Chance.

Was ist mit dem „Schwert Allahs" gemeint?

Dieser Titel bezeichnet die militärische Kampfkraft des Islam. Aus islamischer Sicht bedeutet es den Sieg Allahs über die anderen Götter.

172

Werden die europäischen Länder nicht zunehmend für den Islam gewonnen?

Viele Moslems orientieren sich an Mohammed. Mohammed hat einige Zeit in Mekka ausgeharrt, als erst ganz wenige an ihn glaubten. Später wanderte er aus und erstarkte in Medina. Dort sammelten sich die so genannten „Helfer des Islam", arabisch *Ansar ul-Islam*, um ihn, bis er stark genug war, zuerst Mekka und dann fast den ganzen Orient zu erobern. Es gibt Moslems, die sich an diesem Vorbild ausrichten; es gibt Kämpfergruppen, die sich als „Helfer des Islam" verstehen und sich auch so nennen, eben *Ansar ul-Islam,* weil sie hoffen, aus dem noch christlichen Europa islamisches Land machen zu können. Ich halte ihre Träume für unrealistisch.

Wird der Tempel wieder an der alten Stelle aufgebaut? Weiß man aus der Bibel, wann das sein wird und auf welche Weise die Omar-Moschee verschwindet?

Wir finden keine Jahreszahl, wann das geschehen soll, aber wir können das im prophetischen Kalender einordnen. In Daniel 9,27 wird die 70. Jahrwoche Daniels beschrieben, das ist die Zeit, wo Gott wieder mit Israel anknüpfen wird, nachdem die Gemeinde vollendet ist, also nach der Entrückung. Dort heißt es: „Und er [das Tier aus Offb 13] wird einen festen Bund mit den Vielen schließen für eine Woche; und zur Hälfte der Woche wird er Schlachtopfer und Speisopfer aufhören lassen." Das heißt also, dass in dieser Zeit der Tempel stehen wird. Wann er genau errichtet wird, wissen wir nicht. Es kann sein, dass er schon gebaut wird, wenn die Gemeinde noch auf der Erde ist.

Auf alle Fälle muss der jüdische Tempel stehen, wenn die 70. Jahrwoche anfängt, eben dort, wo jetzt die Omar-Moschee steht. Wann und auf welche Weise diese verschwinden wird, wissen wir nicht. Es gibt dazu nur verschiedene Spekulationen.

Es gibt eine Bewegung „Gespräch der Religionen untereinander"; sollte man das gut heißen oder auf ein friedliches Miteinander reduzieren?

Ich halte es für sehr unvernünftig, sich etwas vorzumachen, was nicht wahr ist. Es ist doch besser, dass wir voneinander wissen, was wir glauben; deshalb brauchen wir niemandem den Schädel einzuschlagen. So zu tun, als würden die Anhänger aller Religionen dasselbe glauben, ist einfach Flucht vor der Wirklichkeit.

Wir stehen möglicherweise am Vorabend eines Krieges. Wäre es biblisch denkbar und vertretbar zu sagen, da bahne sich die berühmte Schlacht von Harmagedon an, oder ist es verwegen, das zu sagen?

Ich halte es für verwegen und wage es nicht, so etwas zu sagen. Für das politische Tagesgeschehen wage ich nicht immer einen Bibelvers zu finden. Wir sollten versuchen, die heilsgeschichtlichen Linien zu erkennen. In der Bibel finden wir etwas über die Zeit der Gemeinde, über den Abschluss der Gemeinde und darüber, was dann geschieht. Dann sagt die Bibel etwas über ein großes Weltreich, das entstehen und mit Israel verbündet sein wird. Dann werden andere Reiche da sein, die Israel angreifen. Solche, die in jener Zeit leben, werden es genauer wissen.

Wird einmal Europa islamisch werden?

Wir sollten keinen Prognosen, die nicht aus der Bibel zu beweisen sind, glauben.

Zur Logik des Islam. Sie haben von Allahs Töchtern gesprochen. Wie ist das mit der Aussage „Allah zeugt nicht ..." zu vereinbaren?

Die Biographie über Mohammed stellt das so dar, dass Mohammed in seiner Heimatstadt Mekka kaum gehört wurde. Da wurde er versucht, den Mekkanern entgegenzukommen, die ihren religiösen Jahrmarkt um die Ka'aba angelegt hatten. Er gestand ihnen zu, dass die drei Töchter Allahs, *Manat* (Schicksal), *al-Lat* (die Göttin) und *al-'Uzzah* (die Starke) neben Allah göttlich verehrt werden könnten. Da waren die Mekkaner ganz glücklich und dachten, endlich sei Mohammed wieder vernünftig geworden. Danach bedauerte Mohammed sein Zugeständnis und widerrief es, indem er sagte, diese Worte seien auf satanische Eingebung hin gegeben worden. Das sind die berühmten „satanischen Verse", auf die im Koran verwiesen wird.

In der „Frankfurter Allgemeinen" war zu lesen, dass im Jahr 2100 infolge der großen Familien in Deutschland mehr Türken als Deutsche leben würden.

Moslems reden ganz offen davon, dass der Islam durch große Familien wächst. Zahlreiche Nachkommen sind die Pflicht eines Moslems, um die islamische *Umma* zu stärken. Rein biologisch ist die Rechnung ja leicht zu machen.

Was macht den Islam für die Moslems so attraktiv, dass er sich weltweit ausbreitet?

Wir dürfen nicht vergessen, dass der Sünder ein Sünder ist und deshalb eine ganz seltsame Kreatur ist, so verbogen, dass er das Licht gar nicht will: „Dies aber ist das Gericht, dass das Licht in die Welt gekommen ist, und die Menschen haben die Finsternis mehr geliebt als das Licht" (Joh 3,19). Deshalb ist Jesus von Nazareth eben nicht attraktiv. Für den Sünder ist Jesus höchstens eine religiöse Figur mit hohen ethischen Idealen, aber es ist für den Sünder gar nicht attraktiv, sich Ihm als Herrn zu unterwerfen. Im Islam gibt es vieles, was dem Menschen entgegenkommt, besonders den Männern. Er ist eine Männerreligion, weil der Mann dort der Chef ist und befehlen kann. Im Islam darf man seine Feinde hassen und ihnen eins auf den Deckel geben. Der Islam knechtet und versklavt die Völker, aber wenn du dich Allah unterwirfst, dann bekommst du dafür Macht und kannst Macht ausüben. Das ist in bestimmter Hinsicht attraktiv.

Wird einem Dieb heutzutage noch die Hand abgehackt?

Nicht in allen Ländern, in Saudi-Arabien wird das zum Beispiel noch gemacht.

Wenn Allah so mächtig ist, dass er alles darf, wie können Moslems dann glauben, dass der Koran die letzte Offenbarung ist und nicht irgendwann widerrufen wird, weil Allah die Menschen getäuscht hat?

176

Diese theoretische Möglichkeit müsste er offen lassen, danach habe ich aber einen Moslem noch nie gefragt. Die wenigsten werden von solchen Zweifeln überhaupt angefochten.

Der Islam ist doch eine rein irdische Religion. Wie verträgt sich das dann mit den Verheißungen für die Märtyrer?

Der Islam ist nicht rein irdisch, aber in erster Linie irdisch. Der Islam will auch gleichzeitig Staatsform sein. Das ist eine irdische Vision einer Religion. Zu den Glaubenssätzen der Moslems gehört aber auch der Glaube an die Auferstehung, an das Gericht, an das Paradies und an die Hölle.

Verwendete Literatur

Baeck, Leo: *Das Wesen des Judentums*. Wiesbaden (Fourier-Verlag) 1988.

Barreau, Jean-Claude: *Die unerbittlichen Erlöser*. Hamburg (Rowohlt) 1992.

Baumann, Arnulf H. (Hrsg.): *Was jeder vom Judentum wissen muss*. Siebenstern (Gütersloher Verlagshaus) 1983.

Baxter, Richard: *A Christian Directory*. (Soli Deo Gloria Publications) 1990.

Ben-Sasson, H. H.: *Geschichte des jüdischen Volkes. Von den Anfängen bis zur Gegenwart*. München (C. H. Beck) 1994.

Bouman, Johan: *Der Koran und die Juden*. Darmstadt (Wiss. Buchgesellschaft) 1990.

Burckhardt, Jakob: *Weltgeschichtliche Betrachtungen*. Stuttgart (Kröner Verlag) 1978.

Bürgel, Johann Christoph: *Allmacht und Mächtigkeit. Religion und Welt im Islam*. München (C. H. Beck) 1991.

Chambon, Joseph: *Der Puritanismus*. Zürich (Evangelischer Verlag Zürich) 1944.

Chaudhuri, Nirad C.: *Thy Great Hand Anarch! India 1921–1952*. London 1987.

Ders.: *Hinduism. A Religion to Live by*. Oxford India Paperbacks 1996.

Dallimore, Arnold: *George Whitefield. The Life and Times of the Great Evangelist. 2 Vol.* Edinburgh (Banner of Truth) 1970 und 1980.

Der Koran, aus dem Arabischen übertragen von Max Henning. Stuttgart (Reclam) 1960.

Die Bhagavad Gita, ins Deutsche übertragen von Dr. Franz Hartmann, Calw-Wimberg, Württ.

Essad Bey: *Mohammed. Biographie*. Berlin (Aufbau-Verlag) 2002.

Gooding, David: *True to the Faith*, Hodder & Stoughton 1988.

Guttmann, Julius: *Die Philosophie des Judentums*. Wiesbaden (Fourier-Verlag) 1985.

Hartmann, Richard: *Die Religion des Islam. Eine Einführung*. Darmstadt (Wissenschaftliche Buchgesellschaft) 1992.

Heine, Heinrich: *Prinzessin Sabbat. Über Juden und Judentum*. Hrsg. Paul Peters. Philo Bodenheim, 1997.

Ibn Ishaq: *Das Leben des Propheten*. Aus dem Arabischen übertragen und bearbeitet von G. Rotter. Darmstadt (Wissenschaftliche Buchgesellschaft) 1986.

Kellerhals, Emanuel: *Der Islam. Seine Geschichte, seine Lehre, sein Wesen*. Basel 1945.

Koran, Ausgabe Max Henning, Reclam, Stuttgart 1979.

Levinson, Pnina Navè: *Einführung in die rabbinische Theologie*. Darmstadt (Wissenschaftliche Buchgesellschaft) 1982.

Naipaul, V. S.: *India, A Wounded Civilization*. Pinguin Books 1977.

Peters, Benedikt: *Gandhi, der politische Avatar*. Berneck (Schwengeler-Verlag) 1989.

Stemberger, Günter: *Geschichte der jüdischen Literatur*. München (C. H. Beck) 1977.

Weber, Max: *Die Protestantische Ethik und der „Geist" des Kapitalismus*. Athenäum 1993.

Wilhelm, Kurt (Hrsg.): *Jüdischer Glaube. Eine Auswahl aus zwei Jahrtausenden*. Birsfelden-Basel (Schibli-Dopper).

Biografie

Best.-Nr.: 304.531
ISBN 3-935955-31-6
B. V. Henry
Henry Martyn
Alles für Christus verlassen
Der erste moderne Pionier-
Missionar unter Muslimen
128 S., gebunden
€ 10,95

Henry Martyn (1781-1812) ist im englischsprachigen Raum nahezu genauso bekannt wie Whitefield oder Wesley. Der überaus sprachbegabte Martyn hatte eine akademische Karriere als Mathematiker in Cambridge vor sich - doch nach seiner Bekehrung änderten sich seine Lebensziele. Besonders die Tagebücher David Brainards (1718-1747), des berühmten puritanischen Missionars unter den Indianern, weckten in ihm den Wunsch, Menschen das Evangelium zu predigen, die es bisher noch nicht gehört hatten. Er reiste zunächst nach Indien und später nach Persien, wo er trotz großer geistlicher, seelischer und körperlicher Strapazen und Anfechtungen innerhalb von 6 Jahren das NT in drei muslimische Sprachen übersetzte und damit die Grundlage für die Missionsarbeit späterer Generationen legte.

Mehr Informationen unter www.daniel-verlag.de

Aktuelles

Best.-Nr.: 304.530
ISBN 3-935955-30-8
Jochen Klein
Sucht nach Leben
Format: 12 x 7,5 cm
48 S., Klebebindung
€ 1,00

Jugendliche suchen den Kick, Grenzerlebnisse, Anerkennung - das Leben. Manche treiben deshalb Extremsport, feiern Partys, nehmen Drogen oder landen im Okkultismus. Bei einigen sieht alles ganz perfekt aus. Und trotzdem springen sie von der Klippe. Vielleicht weil sie das Leben vergeblich suchten? Wie findet man das Leben? In diesem Buch mehr dazu.

Mehr Informationen unter www.daniel-verlag.de

Daniel